칸트의 인간

지적 인간
도덕적 인간
문화적 인간

처음 읽는 고전 03

칸트의 인간

원작 칸트 | 번역·해설 박필배

펴낸날 2017년 9월 1일 초판1쇄
펴낸이 김남호 | 펴낸곳 현북스
출판등록일 2010년 11월 11일 | 제313-2010-333호
주소 04071 서울시 마포구 성지길 27, 4층
전화 02-3141-7277 | 팩스 02-3141-7278
홈페이지 www.hyunbooks.co.kr | 카페 cafe.naver.com/hyunbooks
ISBN 979-11-5741-101-6   43160

편집위원 김찬, 이현배 | 편집디자인 김영미 정진선 | 마케팅 송유근

글 ⓒ 박필배, 2017

칸트의 인간

지적 인간
도덕적 인간
문화적 인간

번역·해설 박필배

1. 고전을 처음 읽는 독자를 위해 원문을 가려서 뽑고, 쉬운 말로 번역하여 읽기 쉽게 하였다.

2. 이 책은 칸트 철학의 모든 원문들 가운데 인간과 관련된 글들을 가려내었고, 독자의 이해를 위해 원문을 크게 세 부분으로 나누어 구성하였다.

3. 각 부분은 여러 개의 내용 단락으로 나누었다. 한 주제에 대해서도 칸트의 여러 원문들을 함께 실었다. 본문 중에 나오는 (   )는 원문 그대로이고, [   ]는 의미 파악을 돕기 위해 역자가 써 넣은 것이다.

4. '핵심 읽기'는 저자의 생각과 흐름을 알기 쉽게 요약한 것이며, '생각해 보기'는 저자의 사유를 적용해 보는 생각 훈련을 도와줄 것이다.

5. 이 책은 1957년 간행된 바이셰델판 칸트 전집(Immanuel Kant. Werke in sechs Bänden. Hrsg. von W. Weischedel)의 원문을 텍스트로 사용하였고, 각 문단 끝에 원문의 저서 명과 바이셰델판 권수, 쪽수를 표시하였다.

차례

Imm

문화적 인간

nuel Kant

머리말

독일의 철학자 칸트는 플라톤을 시작으로 철학사에서 가장 큰 영향을 끼친 사상가 중의 한 사람으로 꼽히고 있다. 그러나 이 최고의 사상가의 삶은 극적인 것과는 전혀 거리가 멀었다. 우리는 그의 일상적인 삶 속에서 분명 똑같이 반복되는 모습을 볼 수 있다. 거의 80년에 달하는 그의 삶을 마감하면서 그가 남긴 말은 '이제 되었다 Es ist gut'라는 말이었다.

임마누엘 칸트는 1724년 쾨니히스베르그에서 수공업자의 아들로 태어났다. 당시 쾨니히스베르그는 인구가 약 4만 명이었으며 프로이센 제국의 수도였다. 가난한 환경에서 자란 칸트는 어느 신학자의 후원 덕택에 김나지움과 대학 교육을 받을 수 있었다. 1740년 칸트는 쾨니히스베르그 대학에 입학하였다. 처음에는 신학부에 등록했지만, 그의 관심은 곧 수학과 자연과학으로 옮겨갔다. 자연과학과 관련된 논문으로 박사 학위를 받은 후, 대학에서 강사로 철학과 논리학 등을 학생들에게 가르쳤고, 여러 번의 실패 후에 대학의 정교수가 되었다. 그 후에는 형이상학과 윤리학 등 철학의 주요 주제 등을 가르치고 연구하는 삶을 살았다.

칸트의 하루하루는 매우 단조로웠다고 할 수 있다. 그러나 자신의 하루 일과는 철두철미한 계획 아래 진행되었다. 그의 엄격한 자기 관리의 징표이듯이 그의 일과표는 생애의 중반부터 수십 년 동안 조금의 변화도 없었다고 한다. 아침 5시에 기상하여 7시까지 강의 준비와 9시까지 강의, 그리고 오전에는 연구 작업에 몰두, 오후 1시부터 4시까지 지인과 친구들을 초대하여 점심을 함께한다. 이 시간에 칸트는 세상의 돌아가는 상황들을 듣게 된다. 오후 4시에는 언제나 똑같은 길을 산책하고, 저녁에는 가벼운 책 주로 여행기를 읽고 10시쯤에 절대적 안정 속에 취침한다.

대학교수가 된 후 한 번도 자신의 고향인 쾨니히스베르그를 떠나지 않은 칸트는 그럼에도 세상 물정에 대해서는 누구보다 정통하였다. 지인들과 담소하는 점심시간이 큰 도움이 되었겠지만, 지인이나 당시의 지식인과 편지를 통한 학문적 교류가 그를 위대한 학자의 위치에 서게 했다. 자신의 단순한 일상과는 다르게 당시의 시대는 매우 복잡하고 불안한 상황의 연속이었다.

칸트가 살던 시대는 계몽주의가 가장 크게 작용하던 시대였다. 특히 영국이나 프랑스에서는 경제적으로 정치적으로 그리고 과학적으로도 계몽의 사상이 가장 활발하게 진행되고 있었다. 그 반면에 독일은 경제와 정치 그리고 과학 등 모든 면에서 낙후된 모습을 보였다. 즉 계몽주의가 당시의 지배적 흐름이었음에도 정작 자신의 나라에서는 계몽이 가장 미진한 상태였다. 결국 칸트 철학의 핵심은 계몽의 전개, 즉 개인적으로든 사회적으로든 당시의 미성숙한 상태를 벗어나려는 시도였다.

어떻게 하면 미성숙의 상태에서 벗어날 수 있을까? 즉 어떻게 하면 계몽된 인간과 계몽된 사회가 가능해질까? 이러한 고민의 출발점에서 칸트는 세상이나 사회가 아니라 자기 자신인 인간의 내부를 들여다보기 시작한다. 인간의 능력은 어디까지인가? 어떤 능력을 어떻게 써야 하는가? 인간 이성의 자기비판이 모든 것의 출발점이 된 것이다. 철학의 내부에서 가장 중요하게 자리 잡고 있는 이 문제를 전면으로 끌어올려 구체적으로 전개시킨 사람이 바로 칸트이다.

해설

철학에서 '인간'은 언제나 중요한 주제였지만, 근대 이후의 서양철학에서는 특히 중심 문제로 부각되었다. 서양 근대 철학의 정점이라고 할 수 있는 칸트의 철학이 이러한 점을 더욱 명백하게 보여 주고 있다. 비판철학의 출발이라 할 수 있는 《순수이성 비판》 이전까지만 해도 칸트는 종래의 전통 철학 및 당시의 지배적인 자연과학 이론을 비판 없이 그대로 수용했다. 즉 당시의 지배적인 이론인 라이프니츠와 볼프 등의 이성론(합리론)을 수용하고 자연과학에서는 뉴튼의 물리 이론을 신봉했다.

이 두 이론, 즉 이성론과 자연과학이 서로 상이한 듯 보이지만, 이 두 입장이 전혀 양립할 수 없는 이론을 주장하는 것은 아니다. 이성론과 자연과학의 근본적인 공통 주제는 '세계 속에 존재하는 영원한 본질을 지닌 실체들'이기 때문이다. 물론 이 두 입장이 모두 실체를 인식하는 주체인 인간에 대해 관심을 갖고 있었지만 '유한한 존재인 인간'이 핵심 주제는 아니었다. 인간(의 이성)이 신적 존재와 유사하다는 이유로 절대적인 능력을 지니지는 않는다. 인간은 유한한 존재이기 때문이다.

비판기 이후 칸트는 전통의 영향에서 벗어나 자신의 철학을 확립해 나간다. 즉 인간을 중심으로 자신의 철학이 전개된다. 유한한 인간의 한계를 인정함으로써 칸트의 철학은 인간의 겸허함을 수용한다. 우리가 무엇을 인식한다고 할 때, 그것은 인간 능력의 한계 안에서 이루어진다. 이 범위를 뛰어넘는 것에 대해서 우리는 안다고 할 수 없다.

칸트 철학 전체는 인간 이성이 관여하는 모든 분야, 즉 지식, 과학, 도덕, 종교, 예술, 정치, 경제, 역사, 문화 등 전반에 걸쳐 있다. 그러나 본문에 제시된 칸트 원문의 내

용은 지식·학문, 도덕·자유, 역사·예술·문화 등 세 분야의 주제를 담고 있다. 결국 이 모든 주제는 '인간존재*의 이해'라는 칸트의 핵심 주제로 수렴되고 있다. 이를테면 지식과 학문을 문제 삼을 때에도 칸트는 단순히 학문과 지식의 본질이나 근거에 초점을 맞추기보다는 학문이나 지식을 추구하는 인간존재에 초점을 맞추고 있다.

칸트는 철학의 근본적인 문제로서 다음의 세 가지를 언급하고 있다. 즉 '나는 무엇을 알 수 있는가?', '나는 무엇을 해야 하나?', '나는 무엇을 희망해도 되나?' 이 물음들은 각각 인식론적 물음, 윤리학적 물음, 문화 역사적 물음 등으로 제시되나, 결국 이 모든 물음은 '인간이란 어떤 존재인가?'라는 인간학적인 물음으로 귀착된다고 칸트는 말한다.

'나는 무엇을 알 수 있는가?'라는 물음은 인간 이성이 어디까지 지식을 확장할 수 있는가의 물음이다. 자연이나 우주에 대해 우리는 얼마나 많이 아는가? 우리가 세상을 다 알 수 있는가? 이 물음은 오늘날의 과학적 지식에 비추어 말하자면, 과학의 발전은 어디까지 갈 것인가? 곧 인간 능력의 한계는 어디인가? 하는 물음이기도 하다. 이러한 물음에 대한 해답, 아니 실마리를 칸트는 자신의 유명한 이론철학 저술인 《순수이성 비판》를 통해 보여 주려 한다.

'나는 무엇을 해야 하나?'라는 물음은 윤리적인 물음으로 우리의 행동에 대한 지침을 마련해 준다. 이러한 지침서가 《실천이성 비판》이라는 저술이다. 여기서 칸트는 인간의 행위가 왜 정당한지에 대한 근거를 인간의 실천이성의 능력에서 찾고, 그리고 그에 따른 존재는 인격체이며 자유로운 존재임을 제시해 보이고 있다. 또한 자유를 지닌 존재인 인격체는 그 행위에 대한 책임도 자기 자신에게 있음을 강조한다. 자유는 반드시 책임이 따르기 때문이다.

'나는 무엇을 희망해도 되나?'라는 물음은 인간의 종교적이고 역사적이며 문화적인 삶의 전반에 대한 물음이다. 이는 인간 삶의 궁극목적**에 대한 물음이다. 인간이 신과 같이 절대적인 존재라면 이런 물음은 의미가 없을 것이다. 인간은 유한하기 때문에 기대와 동경을 지닌다. 그러나 그 기대와 동경이 인간의 능력을 통해 결코 이루어질 수 없는 것이라면 어떨까? 단순한 희망으로, 즉 이루지 못할 것을 분명히 알면서도 꿈이라도 꿔 보자는 마음으로? 칸트는 이런 유형의 희망을 말하지는 않는다. 비록 지금은 매우 어려워 보이지만 인간의 한계 안에서 인간의 노력으로 이루어질 수 있는 것을 기대하고 희망하는 것이다. 개인으로서의 기대와 희망은 무엇인가? 인간으로서의 궁극적 삶, 즉 도덕적 인간, 인격체로서의 행복한 삶이 인간의 기대이고 희망이다. 공동체, 즉 인류로서의 기대와 희망은 무엇인가? 인류의 궁극적 삶, 즉 이성이 지배하는 시민 공동체가 인류의 기대이며 희망이다. 이런 주제를 칸트는 《판단력 비판》에서 다루고 있다.

---

* **인간존재** 칸트에 따르면 인간존재는 두 유형으로 언급된다. 대상, 즉 다른 사물처럼 주어져 있는 존재로서의 객체인 인간과 다른 사물들을 파악하고 이해하는 주체로서의 인간. 칸트의 주된 관심은 주체로서의 인간에 맞추어져 있다.

** **궁극목적** 궁극목적은 더 이상의 목적이 필요 없는 완전하고 최종적인 목적이다. 우리의 삶에 대해 물음을 던지고 그 의미를 추적하다보면 마지막의 물음에 도달하게 되는데, 마지막 물음에 대한 답이 궁극목적으로 표현된다.

지적
인간

계몽과 지성

계몽이란 우리가 스스로 책임져야 할 미성년의 상태로부터 벗어나는 것을 의미한다. 미성년의 상태란 다른 사람의 지도 없이는 자신의 이성을 사용할 수 없는 상태를 말한다. 미성년 상태의 원인이 [신체적이거나 환경적인 요인 등으로 인하여] 이성의 결핍 자체에 있는 경우에는 물론 그렇지 않겠지만, 다른 사람의 지도 없이도 스스로 자신의 이성을 사용하고자 하는 결단과 용기의 결핍에 있을 경우에는 그에 대한 책임을 마땅히 스스로 져야 하는 것이다. 그러므로 계몽의 표어로 우리는 이렇게 외칠 수 있다. 즉 '과감히 지혜롭고자 하라! 너 자신의 이성을 사용할 용기를 가져라!' 계몽이란 무엇인가, VI 53

많은 사람들이 다른 사람의 지도에서 벗어날 나이에 도달한 뒤에도 기꺼이 일생 동안 미성년 상태에 머무르며 안이하게 후견인에게 자신을 맡기는 것은 그들의 게으름과 비겁함 때문이다. 미성년 상태에 머물러 있는 것은 아주 편안한 일이다. 만약 나에게 나를 대신하여 이성을 가지고 있는 책이 있고, 나를 대신하여 양심을 가지고 있는 목사가 있고, 나를 대신해서 섭생을 돌보는 의사가 있다면, 나는 조금도 스스로 수고할 필요가 없을 것이다. 내가 그것에 대해 보수를 지불할 능력만 있다면, 나는 생각할 필요조차 없을 것이다. 다른 사람들이 나를 대신해 골치 아픈 일거리를 다 떠맡기 때문이다. 대부분의 사람들은 성년이 되는 것을 힘들 뿐만 아니라 위험한 일로 여긴다. 친절하게도 그들에 대한 보살핌을 기꺼이 떠맡으려는 후견인들 역시 그러한 위험을 걱정한다. 후견인들은 먼저 그들의 가축들을 우매하게 만든 후 이들을 정성스레 보호함으로써, 이들 온순한 동물들을 보행기에 가두고 그 밖으로는 한 발자국도 나아가지 못하도록 만든다. 그런 다음 그들은 이들에게 이들이 혼자 걸으려고 할 때 부딪히게 될 위험을 보여 준다.

계몽이란 무엇인가, VI 53

계몽을 위해서는 자유 이외의 다른 어떤 것도 필요하지 않다. 그것도 자유라고 부를 수 있는 것 중에서도 가장 피해가 없는 자유, 즉 모든 경우에 지성을 공명정대하게 사용하는 자유만을 필요로 한다. 그런데 지금 사방에서 '따지지 말라'는 소리만 들린다. 장교는 '따지지 말고 그저 훈련만 하라'고 말하고, 세무 공무원은 '따지지 말고 그저 세금만 내라'고 말하고, 성직자는 '따지지 말고 그저 믿기만 하라'고 외친다. 자유는 이 모든 곳에서 제한되고 있다.

계몽이란 무엇인가, VI 55

상관으로부터 어떤 명령을 받은 장교가 근무 중에 그 명령이 적합한지 혹은 유용한지에 관해 시끄럽게 떠들어 댄다면, 그것은 매우 위험한 짓이 될 것이다. 그는 명령에 복종해야만 한다. 그렇지만 그가 교육 받은 사람으로서 전쟁 중에 발생한 잘못에 대해 논평을 하고 이를 대중의 판단에 부치는 일이 금지되지 않아야 하는 것은 정당한 일이다. 시민은 자신에게 부과된 세금의 납부를 거부할 수 없다. 자신이 납부해야 할 세금에 대해 주제넘게 비난하는 것조차 소동으로 취급되어 처벌의 대상이 될 수 있다. 그러나 그가 교육 받은 사람으로서 과세의 부적절함이나 부당함에 대해 자신의 생각을 대중 앞에서 표명한다면, 이는 시민으로서의 의무에 위배되는 것이 아니다.

계몽이란 무엇인가, VI 56

성숙함을 의미하는 계몽은 미성숙한 인간의 상태를 나타낸다. 육체적으로 어린아이는 아직 미성숙한 상태이다. 이는 육체적이고 물리적으로 아직 성장하지 못함을 의미하며 육체의 단련과 건강한 음식의 섭취를 통해 이루어질 수 있다. 그러나 정신의 경우는 어떠한가? 어른이라고 하여 모두가 정신적으로 성숙한 것은 아니다. 또한 어린아이라 하여 모두가 정신적으로 미성숙한 것은 아니다.

정신적인 성숙을 가능하게 하는 것은 우리의 마음, 즉 정신에 있다. 정신이 나약하면 살아가는데 많은 문제가 있다. 이러한 문제의 해결은 육체의 단련이나 외부의 환경에 있는 것이 아니라, 정신의 사용 즉 우리 내부의 힘인 이성을 사용할 줄 알아야 한다.

이성적인 생활을 할 줄 아는 사람이 곧 성숙된 사람인 계몽된 사람이다. 그러나 이런 삶은 매우 힘들다.

의지하는 삶이 매우 편하기 때문이다. 어린아이의 생활은 많은 경우 부모나 주변에 의존하고 있다. 그러나 어른이 되는 과정에서 스스로 해야 하는 일이 점점 더 늘어난다. 혼자 하지 못하는 어른은 어떤 어른인가?

혼자 한다는 것은 내가 자유를 지녔다는 것을 의미한다. 자유는 누구의 억압이나 간섭 없이 일을 할 수 있는 것이며, 문제를 제기하고 따져 볼 수 있는 힘이다. 결국 자유가 없는 사람은 또는 자유가 없는 사회는 스스로 할 수 있는 일이 없는 사람이고 사회이다. 성숙하지 못한 사람과 성숙하지 못한 사회에서는 따지는 일은 허용되지 않고 단지 복종만이 미덕으로 남게 된다.

📘 생각해 보기

칸트가 살던 시기도 아직 정신적으로 미성숙하여 개인의 삶과 사회가 많은 혼란에 놓여 있었다. 이런 문제의 근본 원인을 그는 인간, 즉 어른들이 자신의 능력을 제대로 사용하지 못한 결과라고 본다. 자유를 지닌 존재가 그 자유를 제대로 사용할 줄 모르니 자신의 삶과 사회가 어떤 간섭이나 억압으로 이루어진다는 것이다. 인간의 사회가 어린아이의 사회, 더 나아가 동물들의 집단생활로 변질되어 가고 있는 것이다.

한 개인의 어려움이나 사회적 혼란 등을 이유로 자유를 제한하려는 경향이 있다. 자유가 혼란의 원인이고 질서를 위태롭게 하는 주범으로 비춰지기 때문이다. 그러므로 통제와 억압이 어려움을 극복하고 혼란을 멈출 수 있다는 것이다. 과연 그러한가? 통제와 억압이 한순간의 안정을 보장할 수는 있을 것이다. 어린아이가 보행기에 앉아 있을 때 가장 편안하고 안전하다. 그러나 평생을 그러할 것인가?

계몽이란 무엇인가? 성숙하다는 것은 무엇을 의미하는가? 개인의 성숙은 무엇이고, 사회의 성숙은 무엇인가? 우리 사회는 계몽되고 성숙된 사회인가?

지식인과 철학자

이른바 학자들은 다음과 같은 준칙을 바꿀 수 없는 규율로 삼아야 할 것이다. (1) 스스로 생각할 것. (2) (사람들과 의견을 나눔에 있어) 다른 사람의 입장에서 생각할 것. (3) 항상 처음과 마지막을 같게 생각할 것.

인간학 Ⅵ 549

적은 것을 철저히 아는 것이 많은 것을 겉으로만 아는 것보다 낫다. 왜냐하면 후자의 경우 결국에는 그 천박함이 알려지기 마련이기 때문이다.

교육학 Ⅵ 748

사람은 광범위하게 아는 유식한 자가 될 수 있다. 그러나 그의 경험적인 지식을 이성적으로 사용하는 데에는 아주 우매할 수가 있다.

인간학 VI 422

책으로 공부하는 것은 물론 우리의 지식을 늘려 준다. 그러나 이성이 보태어 지지 않을 경우 그것은 이해력이나 통찰력을 확장시켜 주지는 못한다.

인간학 VI 548

철학은 개념으로 이루어진 철학적 인식의 체계 혹은 이성 인식의 체계이다. 이것이 이 학문에 대한 교과서적인 개념 규정이다. 세속적인 철학 개념에 따르면 철학은 인간 이성의 최종적인 목적에 관한 학문이다. 이러한 고상한 개념이 철학에 존엄성, 즉 절대적인 가치를 부여한다. 아닌 게 아니라 실제로도 철학은 유일하게 내적 가치를 갖는 것으로서, 모든 다른 지식들에게 비로소 그것들

의 가치를 부여하는 그런 것이다. …… 이러한 세계시민
적 의미에서 보면 철학의 분야에서는 다음과 같은 문제
들이 제기된다. (1) 나는 무엇을 알 수 있나? (2) 나는 마
땅히 무엇을 행하여야 하나? (3) 나는 무엇을 희망해도
좋은가? (4) 인간이란 무엇인가?

논리학 Ⅲ 446

철학자로 말하자면, 우리는 결코 그들을 학문이라는
건축물에 달라붙어 일하는 일꾼, 즉 유식자로 볼 수 없
고, 다만 지혜를 추구하는 사람이라고 보아야 한다.

인간학 Ⅵ 619

바보의 반대는 영악한 사람이다. 그러나 바보스런 구
석이 없는 사람은 현자이다. 이런 현자는 어쩌면 오직 달
나라에서나 찾을 수 있을 것이다. [만일] 아마도 그곳에
[아무런] 욕심도 없고 오직 무한한 이성만을 가진 거주자
가 존재한다면 말이다.

두뇌의 질병에 관한 시론 Ⅰ 890

우리는 결코 철학을 배울 수는 없다. (만일 배울 수 있다면 그것은 [철학에 관한] 역사적 고찰일 뿐이다.) 이성에 관한 한 우리는 기껏해야 단지 철학[적으로 사유]함만을 배울 수 있을 뿐이다.

순수이성 비판 II 699

철학자에게는 다음 두 가지가 가장 중요하다. (1) 어떤 목적에라도 활용할 수 있도록 재능과 기량을 기르는 것이 그 하나이고, (2) 모든 수단을 그 어떤 목적에 사용함에 있어 노련하게 되는 것이 다른 하나이다. 그런데 이 둘은 하나로 결합되어야 한다. 왜냐하면 지식 없이는 결코 철학자가 될 수 없지만, 또한 지식만으로도 철학자가 될 수 없기 때문이다. 모든 지식과 기량이 하나의 통일성 속에 합목적적으로 결합되지 않고, 또 그들이 인간 이성의 최고 목적과 합치한다는 것에 대한 통찰 없이는, 철학함은 불가능하다. 철학을 할 수 없는 사람을 철학자라고 부를 수 없는 일이다. 그리고 철학함을 배우는 것은 오직 이성을 단련시키고 그 이성을 자기 스스로 활용해 봄으로써만 가능하다. 그러므로 진정한 철학자는 스스로 사유하는 사람으로서 이성을 자유롭고 독자적으로 활용하지, 노예처럼 모방적으로 사용하지 않는다.

논리학 Ⅲ 448

누가 지식인인가에 대한 물음에서 칸트는 지식인이
갖추어야 할 규율에 대해 말하고 있다. 즉 이 규율을
지키지 못하는 사람은 지식인이 아니라는 말이다. 그
가운데 가장 핵심은 이성에 의한 지식의 획득이다. 많
이 알고 다양한 경험으로 지식을 얻었다 하더라도 이성
이 개입되지 않은 지식은 편협하고 단편적일 뿐이다.

소크라테스 이래 전통적으로 철학은 지혜를 사랑하
며 추구하는 학문으로 알려져 있다. 지혜를 얻는 방법
은 이성을 통한 방법이다. 결국 이성적 존재인 인간은
지혜를 얻는 방법을 이미 지니고 있는 셈이다. 문제는
이미 우리에게 주어져 있는 이성을 사용할 줄 모른다는
것이다. 철학은 이성을 사용할 줄 알게 만들어 준다.

칸트의 주된 관심사는 인간이었다. 이성적 존재인
인간의 본질을 드러내는 일이 철학의 소임이라고 믿었
다. 인간의 본질을 드러내는 일을 그는 '나는 무엇을 알

수 있나?', '나는 마땅히 무엇을 행하여야 하나?', '나는
무엇을 희망해도 좋은가?'라는 물음으로 만든 뒤, 이러
한 내용을 담은 저술을 집필했다. 그 결과가 바로 유명
한 《순수이성 비판》,《실천이성 비판》 그리고 《판단력
비판》이다.

🎩 생각해 보기

철학은 이성을 사용하는 학문이다. 즉 철학은 성숙
한 개인을 만들고 사회를 무지몽매에서 깨어나게 하는
학문이다. 철학은 계몽된 사람을 만들고 계몽된 사회를
이룩하는 것이다. 이런 의미에서 철학이 왜 필요한가에
대한 물음은 어리석은 짓이다.

현재의 우리 사회를 보면 칸트가 살던 시대와 매우
흡사한 점이 많다. 지식인 또는 지성인이라 불리면서도
아직도 미성숙한 행동을 보이는 사람들이 만연한 사회
이다. 그런데 우리는 철학을 아무 쓸모없는, 전혀 도움

이 안 되는, 오히려 사회의 발전을 저해하는 학문으로
생각하고 있다. 비정상이 정상으로 간주되는 사회 속에
살고 있는 것 같다. 무엇이 정상이고 무엇이 비정상인
가?

철학과 형이상학

[철학은] 자연의 형이상학과 도덕의 형이상학으로 나뉜다. 그리고 특히 (예비학으로서) 잠정적으로 이들에 선행하는 이성 비판, 즉 자신의 날개로 비행을 감행하는 이성에 대한 비판, 이러한 것들이 본래 진정한 의미에서 철학이라 불릴 수 있는 것들이다.

순수이성 비판 Ⅱ 708

'자유'와 '신' 그리고 '영혼'은 형이상학이 그 모든 장비를 다 동원해 해결하고자 하는 과제들이다. 형이상학은 이들의 해결을 자신의 유일하고도 궁극적인 목표로 삼고 있다.

판단력 비판 Ⅴ 604

형이상학 전체가 지향하고 있는 이러한 궁극목적은 쉽게 발견된다. 그리고 이 점을 고려하여 형이상학에 대한 정의도 다음과 같이 그 기초를 세울 수 있다. 즉 '형이상학이란, 감성적인 것에 대한 인식으로부터 출발해 이성을 통해 초감성적인 것의 인식에로 나아가는 학문이다.'

형이상학의 진보 Ⅲ 590

형이상학은 그 근본 특성으로 보건데, 다른 어떤 학문보다도 더 자연 자체에 의해 우리 인간에게 [그 계기가] 부여되어 있는 듯이 보인다. 우리는 결코 형이상학을 임의적인 선택의 산물이나 또는 경험의 진전과 더불어 우연히 확장된 것으로 간주할 수 없다.(형이상학은 경험과는 전혀 무관한 것이다.)

비판철학 서론 Ⅲ 228

형이상학은, 비록 학문으로서는 성립할 수 없을지라
도, 자연적인 소질[1]로서는 언제나 현실적으로 있는 것이
다. 왜냐하면 인간의 이성은 박식함에 대한 한갓 허영심
때문에서가 아니라, 이성 자신의 요구에 따라서 그 이성
을 경험적으로 사용하거나, 그렇게 해서 얻어진 원리들
에 의거해서는 대답할 수 없는 문제들에로 끝없이 나아
가기 때문이다. 이러한 점에서 [형이상학은] 모든 인간
들에게 현실적인 것이다. 실제로 인간에게 있어서 이성
이 사변적 사유까지 확장되기만 하면, 거기에는 어느 시
대에나 하나의 형이상학이 있었으며 또 앞으로도 언제나
있을 것이다.

순수이성 비판 ∥ 60

---

1 소질. 주어진 재능 또는 능력을 나타내는 말로, 소질의 개발은 곧 능력
  의 개발이나 재능을 드러내는 것을 의미한다.

철학은 지혜에 대한 사랑의 학문이다. 그런데 철학은 동시에 형이상학이라고 불리기도 한다. 아리스토텔레스가 자신의 저술을 분류하는 가운데 철학적 내용을 담은 저술을 물리학 뒤에 놓고 편집한 일화에서 유래한다. 어원상으로는 '물리학 뒤에 놓인 학문'이나 그 본래적인 의미는 '물리학의 본질을 규명하는 학문', 즉 사물과 세상의 본질을 탐구하는 학문으로 이해된다.

칸트 이전의 형이상학의 주된 문제는 세계, 영혼, 신이었다. 이 세 물음이 세상의 본질이라고 생각했기 때문이다. 그리고 이 본질은 감각이나 경험을 통해서는 결코 알 수 없는 것이다. 따라서 철학인 형이상학은 감각적인 인식에서 초감각적인 인식으로 나아가는 학문으로 이해되었다.

그러나 칸트는 초감각적인 인식을 다루는 형이상학은 학문일 수 없다고 간주한다. 학문이라 하면 일반적

으로 객관성과 보편성을 띠어야 하기 때문이다. 초감각
적인 대상은 주관적인 믿음에 불과하고 경험에는 결코
드러나지 않는 것으로 학문의 기본적 특성인 객관성도
보편성도 마련해 주기 어렵기 때문이다.

🎩 생각해 보기

전통의 형이상학은 눈에 보이지 않는 사물이나 존
재, 즉 영혼, 세계 전체 그리고 신과 같은 존재를 규명
하려 한다. 이러한 대상들은 우리의 감각을 통해서는
그 본질을 알 수 없다. 우리는 눈으로 보지 못한 것에
대해서는 대체로 믿지 않는다. 감각을 통해 경험할 수
있는 것만 알 수 있다는 입장이 감각론 또는 경험론이
다. 경험론은 경험과학이 발달한 근대사회에서 큰 힘을
얻은 학문 이론이다.

감각을 통해서는 알 수 없는 대상, 즉 신, 세계 전체
그리고 영혼 등은 어떻게 알 수 있는가? 단순한 허상에

불과한가? 이러한 대상에 대해서도 우리는 당연하게
받아들이는 존재가 아닌가?

눈에 보이는 것과 눈에 보이지 않는 것 가운데 어느
것이 더 진리인가? 더 아름다운가? 더 좋은 것인가?
더 넓고 많은 것인가?

형이상학의 위기

인간의 이성은 어떤 종류의 인식과 관련해서는 유별난 운명을 가지고 있다. 즉 이성은 거부할 수도 없고 그렇다고 해서 대답할 수도 없는 문제들로 괴로워해야 하는 운명에 빠져 있다. 거부할 수 없는 이유는 그러한 문제들이 이성 자신의 본성에 의해 그에게 부과되어 있기 때문이며, 대답할 수 없는 이유는 그 문제들이 인간 이성의 능력을 전적으로 벗어나 있기 때문이다. 인간의 이성은 아무런 잘못도 없이 이러한 어려움에 빠져 있는 것이다. …… 그리고 이성은 이로 인해서 다만 혼미와 모순에 빠지고 만다. 이성은 이 혼미와 모순으로부터 어딘가에는 오류들이 은폐된 채 틀림없이 그 근저에 놓여 있다는 사실을 깨닫지만, 그러나 그 오류들을 밝혀내지는 못한다. 왜냐하면 이성이 사용하는 근본 원리들은 모든 경험의 한계를 넘어서며, 그리하여 경험의 시금석[경험적 기준]을 용인하지 않을 것이기 때문이다. [여기에서 생기는] 끝없는 논쟁의 싸움터가 곧 형이상학이라고 불리는 것이다. 한때는 형이상학이 모든 학문의 여왕으로 칭송되기도 했다. 만일 우리가 원하는 세상을 있는 그대로의 세계와 같은 것으로 간주한다면, 형이상학은 물론 그러한 영예로운 존칭을 받을 만한 자격을 가지고 있다 할 것이다. 왜냐하면 형이상학의 대상은 매우 큰 중요성을 가지고 있기 때문이다.

순순이성 비판 ‖ 11

이성은 자신의 업무 중에 가장 어려운 것인 자기 인식을 새로이 수행해야 한다. 또 하나의 법정을 설치하여, 강제적 명령을 통해서가 아니라 불변하는 영원한 법칙에 의거하여, 이성의 정당한 요구는 보장하고 근거 없는 억지 주장들은 폐기시켜야 한다는 것이다. 이는 곧 순수이성의 자기비판 이외에 다른 것이 아니다. 비판이란 여기서 책이나 체계들에 대한 비판이 아니라 이성 능력 일반에 대한 비판을 의미한다. 그리하여 이성이 그 어떤 경험에도 의존하지 않고 독자적으로 추구하는 지식[형이상학적 지식]이 문제가 되는 경우, 이성에 대한 이 비판은 오직 원리들로부터 출발하여 형이상학의 가능성 여부를 결정하며, 또한 형이상학의 원천과 범위 및 한계 등을 규정하는 일이 되기도 한다.

순수이성 비판 Ⅱ 12

비판을 통해 우리의 판단은 척도를 얻게 되며, 이 척도로 우리는 참된 지식과 거짓된 지식을 확실하게 구별할 수 있게 된다.

비판철학 서론 Ⅲ 263

인간의 정신이 언젠가는 형이상학적 연구를 완전히 단념하게 되리라고 기대하는 것은, 더러운 공기를 마시지 않기 위해 차라리 호흡 자체를 완전히 중지해 버릴 것을 기대할 수 없는 것과 마찬가지로 있을 수 없는 일이다.

비판철학 서론 Ⅲ 245

이성의 자연적 요구로서의 형이상학은 현실적으로 실재한다. 그러나 형이상학은 그 자체만으로는 변증적[자기모순적]이요 기만적이다.

비판철학 서론 Ⅲ 242

이성의 사변적[이론적] 능력으로 말하자면, 그것은 초감성적인 것에 대해서는 그 어떤 인식도 제공하지 못한다.

형이상학의 진보 Ⅲ 610

단적으로 무제약적인 것은 경험 속에서는 전혀 만날 수가 없다.

순수이성 비판 Ⅱ 473

이성은 사변의 힘만으로 감성적 세계를 초월하고자 자신의 날개를 활짝 펴지만, 나는 그것이 헛된 짓임을 밝힐 것이다.

순수이성 비판 ‖ 528

이론적인 관점에서 보자면, 우리는, 아무리 열렬히 이성이 힘쓴다 해도, 신의 존재나 최고선의 존재나 미래의 생의 도래 등에 대해서는 조금도 확신을 가질 수 없다. 왜냐하면 초감성적인 대상의 본성에 대한 안목이라고는 우리에게 아무것도 주어져 있지 않기 때문이다.

형이상학의 진보 ‖ 637

현실의 세계에 관한 지식[경험적 지식]에서 시작하여 확실한 추론을 세우는 형이상학은, 신은 어떤 존재인지 그리고 신이 존재한다는 사실을 결코 증명할 수 없다. 왜냐하면 이 세계의 존립이 (우리가 신의 개념을 두고 생각하듯이) 오직 하나의 신에 의해서 가능했다고 말할 수 있기 위해서는, 우리는 이 세계를 가능한 가장 완전한 세계로 인식해야 하고, 그러기 위해서는 나아가 가능한 모든 세계들도 인식하여 이 세계와 비교할 수 있어야 하며, 결국 모든 것을 알고 있어야 하는데, 이는 불가능하기 때문이다.

실천이성 비판 IV 272

초감각적인 대상을 탐구하는 형이상학은 감각의 세
계, 즉 경험 세계와는 무관하다. 그런데 이성의 대부분
의 업무는 경험 세계의 대상이 아니라 초감각적인 대
상에 향해져 있다. 그러나 이성에게는 매우 중요한 문
제, 즉 초감각적인 사물 또는 세계의 근원에 대한 물음
은 이성 자신이 대답할 수도 없고 해결할 수도 없는 문
제이다. 그럼에도 불구하고 이성은 이 문제를 결코 거
부할 수가 없다. 그 이유는 이것이 이성의 본성에 이미
부과되어 있기 때문이다. 칸트는 이것을 이성의 운명이
라고 표현한다. 이는 곧 철학인 형이상학의 운명이기도
하다.

이성이 자신의 업무를 가장 잘 수행하기 위해서는,
올바른 법정을 마련하고 올바른 불변의 법칙(원칙)을
세워서, 정당한 주장은 받아들이고 잘못된 주장은 폐기
시켜야 한다. 그런데 올바른 법정을 마련하고 정당한
원칙을 세우는 일은 이성 밖에서 일어나는 것이 아니라

이성 자신의 몫이다. 결국 이성이 자신의 몫을 충실히 수행하기 위해서 가장 먼저 해야 할 일은 자기 자신에 대한 비판이다.

칸트의 철학은 비판철학으로 잘 알려져 있다. 철학이 이성 활동을 의미하듯이, 비판철학은 체계나 현실 비판이 아닌 이성 비판의 철학이다. 이성이 어떤 능력을 지니고 있는지, 이 능력을 어디에 쓸 수 있는지, 그 한계는 무엇인지 등을 비판하는 이성의 자기비판이다. 칸트의 유명한 저술이 《순수이성 비판》, 《실천이성 비판》 그리고 《판단력 비판》인 것은 잘 알려진 사실이다. 비판이 결여된 지식은 고집이나 거짓된 지식이 될 수 있다. 학문의 가장 기본적인 조건이 비판적 능력이다.

📘 생각해 보기

철학을 한다는 것, 또는 철학하는 것을 배우는 일은 이성의 훈련, 즉 이성적 사고를 통해 가능하다. 그런데 이성의 훈련을 위해 가장 먼저 해야 할 일은 무엇인가? 풍부한 지식을 쌓고 다양한 경험을 통해 세상의 안목을 넓히는 일인가?

칸트의 세 비판서, 즉 《순수이성 비판》, 《실천이성 비판》 그리고 《판단력 비판》은 각각 이성의 어떤 능력을 비판하고 있나? 인간의 능력은 크게는 이론적 능력과 실천적 능력으로 구분된다. 그러나 좀 더 넓게 보면 이성 능력은 사물과 세상에 대해 다양하게 판단하고 종합하는 능력을 지니고 있다.

코페르니쿠스적 발상 전환

지금까지 우리는, 우리의 모든 인식이 대상에 맞추어 져 형성된다고 생각해 왔다. 그런데 이와 같은 전제 아래 에서 - 우리의 지식을 확장시켜 주리라고 생각한 - 개 념들을 통해 선천적으로 대상에 관해 무엇인가 인식하고 자 한 모든 시도는 실패하고 말았다. 따라서 우리는 한번 쯤, 대상이 우리의 인식에 맞추어져 형성될 수밖에 없다 고 상정함으로써 반대의 것을 시도해 볼 만하다. 즉 우리 는 대상들이 우리의 인식에 의거해서 규정되어야 한다고 가정해 보자. 그리고 이러한 가정이 형이상학적 문제 해 결에 더 효과가 있지 않을지 한번 살펴보도록 하자. 이러 한 가정은 분명, 지금 문제가 되고 있는 대상에 대한 선

천적 인식의 가능성과 한층 더 잘 합치한다. – 이때 대상
에 대한 선천적 인식이란 대상이 우리에게 주어지기 전
에 대상에 관해 무엇인가를 확정하는 인식을 말한다. 이
것은 코페르니쿠스의 최초의 생각과 비슷하다. 코페르니
쿠스는 태양계가 관찰자의 주위를 회전한다는 가정 아래
서는 천체 운동이 제대로 설명되지 않는다는 것을 알고
난 후, 별들을 제자리에 고정시키고 관찰자를 회전시키
는 것이 보다 나은 설명에 도달할 것이라고 생각했으며,
실제로 그렇게 하여 성공하였다.

　대상의 직관이 문제시되는 경우, 우리는 형이상학에서
도 코페르니쿠스적인 방법의 도입을 시도해 볼 수 있다.
만일 직관이 대상의 성질에 의거해서 규정되어야 한다
면, 우리는 '어떻게 우리가 대상의 성질에 관해서 선천적
으로 무엇인가를 알 수 있는지' 전혀 이해할 수 없게 된
다. 반면에 만일 (감관[2]의 객체인) 대상이 우리의 직관 능
력의 성질에 의거해서 규정되는 경우라면, 우리는 선천
적 직관의 가능성을 충분히 생각할 수 있다. 그런데 만일

2　신체의 감각기관, 즉 시각, 후각, 미각, 촉각 등등

직관이 인식으로 되어야 한다면, 우리는 직관에만 머물러 있을 수는 없으며, 표상으로서의 직관을 대상으로서의 어떤 것에 관계시켜야 하며, 대상을 직관에 의거하여 규정해야 한다. 따라서 이때 우리가 상정할 수 있는 것은 대상들이 개념에 의거해서 규정되는 경우이다. 이때 대상이란 곧 경험을 말하며, 이 경험들 속에서만 대상들은 (주어진 것으로서) 인식된다. 이 경우 우리는 즉시 보다 쉬운 해결 방법을 갖게 된다. 왜냐하면 이 경우 경험 자체가 지성을 필요로 하는 일종의 인식 방식이 되는 한편, 지성의 규칙들은 대상들이 우리에게 주어지기 이전에 선천적으로 우리 안에 존재하고 있다고 전제해야만 하기 때문이다. 그리고 모든 경험의 대상들은 지성의 규칙을 표현하고 있는 이러한 선천적 개념들에 의거해서 필연적으로 규정되어야 하며, 또한 그러한 개념들과 합치해야만 하기 때문이다.

16세기의 천문학자인 코페르니쿠스의 지동설은 세계의 구조를 뒤바꾼 사건이었다. 과학혁명의 신호탄으로 역사는 기록하고 있다. 지동설과 천동설은 무엇인가? 지구를 중심으로 태양 등 모든 세계가 움직이는가? 아니면 태양을 중심으로 지구 등 모든 세상이 움직이는가? 실제로 세상이 천동설에서 지동설로 바뀌어 움직였는가? 세상은 변한 것이 없다. 변한 것은 우리의 생각과 믿음이다. 생각을 바꾸어 보니 모든 것이 보였다. 그리고 이해되었다.

칸트 이전의 철학자들, 즉 이성론자들과 경험론자들은 '우리의 모든 인식은 대상에 맞추어져 있다'고 주장한다. 이 경우 우리의 인식은 근거 없는 독단적 인식이 되거나 우연적인 인식이 될 뿐 참된 인식이나 선천적인 인식은 불가능해진다. 역사적으로 전자의 경우에 이성론자들이 그리고 후자의 경우에 경험론자들이 대변인이었다.

칸트 철학은 이성론과 경험론을 종합한 것으로 역사적으로 유명하다. 이는 코페르니쿠스적인 발상의 전환을 통해 이루어졌다. 우리의 인식이 대상에 맞추어진 것이 아니라 대상이 우리의 인식능력(감성과 지성)에 맞추어져 있다는 생각이다. 이런 생각은 우리의 인식을 근거 없는 독단이나 우연적 인식이 아니라 선천적인 인식으로 바라보게 한다.

🎩 생각해 보기

철학의 역사는 인식 전환의 역사이다. 소크라테스와 플라톤에서 비롯된 유명한 철학자들의 사고를 들여다보면 세상을 보는 안목의 변화가 세상을 바꿨다. 세상이 변하여 우리의 사고가 변한 것이 아니라 우리의 사고가 변하여 세계가 변한 것이다. 흔히 어른들은 세상이 변하지 않는다고 한탄하는 소리를 듣는다. 우리의 삶을 변화시키는 것은 무엇인가? 사회를 개혁하는 힘은 어디에서 오는가? 나의 주변 환경인가? 사회 제도나 규범, 체제인가?

　이성론자들의 주된 주장은 이성을 통해 모든 진리
가 드러나고, 경험은 참된 진리를 드러내지 못하고 기
만과 착각을 일으킬 뿐이라는 것이다. 경험론자들은 감
각기관에 의해 우리에게 전해진 지식만이 참되며, 보이
지 않고 감각되지 않는 것들은 단지 허상에 불과하다고
주장한다. 그러나 철학의 역사는 이성론과 경험론 간의
대립의 역사이다.

인식의 두 원천

우리의 인식은 심성의 두 가지 원천에서 발생한다. 하나는 표상을 받아들이는 능력(인상의 수용력)이며, 다른 하나는 표상에 의거해서 대상을 인식하는 능력(개념의 자발성)이다. 전자로는 대상이 우리에게 주어지고, 후자로는 대상이 표상(심성의 단순한 규정으로서의 표상)과의 연관 속에서 사유된다. 직관과 개념은 우리의 모든 인식의 요소이다. 어떤 방식으로 대응하든, 대응하는 직관이 없는 개념도, 또 대응하는 개념이 없는 직관도 인식을 제공할 수 없다.

순수이성 비판 II 97

우리에게 지성과 감성은 서로 결합됨으로써만 대상을 규정할 수 있다. 만일 우리가 양자를 분리해 버리면, 개념 없는 직관이나 직관 없는 개념만이 남게 된다. 어떤 경우든 그렇게 되면 우리는 그 표상을 특정 대상과 관계시킬 수 없게 된다.

순수이성 비판 II 284

감성 없이는 대상이 주어지지 않고, 지성 없이는 대상이 사유되지 않는다. 내용 없는 사유는 공허하고, 개념 없는 직관은 맹목적이다. 대상의 개념을 감성화하는 일(개념에 직관되는 대상을 부여하는 일)과 대상의 직관을 지성화하는 일(직관 내용을 개념 안에 포섭하는 일)은 따라서 똑같이 필수적이다. 지성은 직관할 수 없고, 감성은 사유할 수 없다. 양자가 결합함으로써만 인식을 산출할 수 있는 것이다.

순수이성 비판 II 98

우리가 무엇을 안다고 말할 때, 일단 그 대상이 우리에게 주어지고, 그 주어진 대상을 알 수 있게 만들어야 한다. 대상이 단순히 주어지는 것만으로 안다고 말할 수 없다. 대상을 알 수 있게 만드는 일을 우리는 그 대상을 규정한다고 말한다. 즉 아직 규정되지 않은 대상을 규정해서 개념화해야만 우리는 그 대상을 알 수 있는 것이다.

무엇에 대해 아는 능력을 우리는 우리 안에서 감성과 지성을 통해 발견한다. 즉 우리의 인식 능력은 무엇을 받아들이는 능력인 감성과 받아들여진 것을 개념화하는 능력인 지성으로 이루어진다. 받아들이는 능력인 감성은 직관을 통해 이루어지고, 사유하는 능력인 지성은 개념으로 표현된다.

감성, 즉 직관 없이는 어떤 대상도 주어질 수 없다. 지성, 즉 개념 없이는 어떤 대상도 생각될 수 없고 결국엔 인식될 수 없다. 인식을 위해서는 반드시 직관과 개념이 필요하다. 지성이 결여된 맹목적인 인식이나 직관이 배제된 공허한 인식이 되지 않기 위해서는 두 능력의 결합은 반드시 필요하다.

🎩 생각해 보기

우리의 능력은 감성 능력인 직관과 지성 능력인 개념을 통해 이루어진다. 직관 능력만을 사용하여 대상을 표상할 때 어떤 일이 벌어질까? 또는 사유 능력만을 사용하여 대상을 표상할 때 어떤 인식이 가능할까? 무엇을 직관한다는 것은 무엇을 본다거나 듣는다거나 만져본다 등의 감각기관을 통해 그 대상을 받아들이는 것이다. 이때 이미 우리는 무엇을 안다고 할 수 있는가? 감각기관을 이용하지 않고 어떤 대상을 단순히 사유하는 일은 가능하다. 즉 대상을 생각 속에서 만들어 내는 일은 가능하다. 그런데 우리는 이 대상을 알았다고 즉 인식한다고 말할 수 있는가? 허깨비를 안다고 말하는 것은 무슨 뜻일까?

우리는 자주 보는 것만으로 또는 들은 것만으로 그 사건이 진리인양 믿는 경우가 많다. 또는 보지도 듣지도 못했음에도 단지 생각과 추측만으로 그 사건의 주범은 누구일 것이라고 단정해 버리는 경우가 허다하다. 하나의 사건의 진실 또는 사실을 규명하기 위해서는 어떤 과정이 필요한가?

도덕적
인간

선의지

이 세계 안에서뿐만 아니라 이 세계 밖 어디에서도 우리가 아무런 제한 없이 선으로 간주할 수 있는 것은 오직 선의지뿐이다. 이성, 유머 감각, 판단력, 그밖에 여러 가지 이름으로 불리는 정신의 재능들 및 용기, 결단력, 과감성 등과 같은 기질적 특성들이 [역시] 여러 가지 점에서 선하고 바람직하다는 사실에는 의심의 여지가 없다. 그러나 만일 의지가 선하지 않다면 그 모든 것들은 극도로 악하고 해로운 것으로도 될 수 있다. 의지는 그와 같은 자연적 기질들을 활용하지 않을 수 없는데, 의지의 고유한 특성이 성품이라는 이름을 가지는 것도 그 때문이다. 이 점은 이른바 행운의 선물에 있어서도 사정은 마찬

가지이다. 권력, 재산, 명예, 건강 및 행복이라는 이름으로 불릴 만한 심신의 총체적 안녕과 현 상태에 대한 총체적 만족 등은, 만일 선한 의지가 동반되지 않는다면, 우리를 우쭐하게 만들며 심지어 많은 경우 우리를 오만에 빠뜨리기도 한다. 선한 의지는 그러한 것들이 심성에 미치는 영향을 바로잡아 보편적 합목적적이 되도록 만들고 그렇게 함으로써 행위의 원리 전체를 바로잡는다. 이성적이고 공정한 사람이라면, 선하고 순수한 의지라고는 전혀 없는 사람이 계속되는 행운을 누리고 있는 것을 볼 때, 그것이 아무리 남의 일이라고 해도 결코 유쾌한 기분을 갖지 못할 것이다. 그러므로 선한 의지는 행복을 누릴 자격을 갖추기 위한 필수 조건인 것처럼 보이기도 한다.

도덕 형이상학 원론 IV 18

선한 의지는 그것이 무엇을 실현하고 성취하기 때문에 선한 것이 아니다. 선한 의지는 그것이 미리 설정된 어떤 목적을 달성하는데 쓸모가 있기 때문에 선한 것도 아니다. 선한 의지는 오직 의욕 자체만으로, 즉 그 자체로 선한 것이다. 만일 우리가 선한 의지에만 주목해 보면, 우리는 선한 의지가 의지의 모든 결과물들보다 월등하게 우월함을 알 수 있다. 어떤 하나의 경향성[성향]³을 위해 의지가 산출한 것, 아니 경향성 전체를 위해 의지가 산출한 것 모두와 비교해도 선한 의지가 월등하게 우월하다.

(……)

선한 의지는 그 자체로 보석처럼 빛날 것이며 모든 가치를 자기 자신 안에 가지고 있는 것으로서 빛나며, 쓸모가 있는가 없는가 하는 것은 이러한 가치를 증가시키지도 감소시키지도 않는다. 이러한 유용성이나 무용성은 이를테면 보석을 사고 팔 때 보석을 손쉽게 다루기 위해 보석 주위에 만들어 놓은 테두리와도 같은 것이다. 이러한 테두리를 만든 것은 보석을 볼 줄 모르는 사람들의 주의를 끌기 위한 것이지 보석 전문가에게 보석을 팔기 위한 것은 아니며, 보석의 가격을 정하기 위한 것은 더더욱

---

3 자연적이고 본능에 따른 태도. 나무가 태양을 향해 성장하고 물이 아래로 흐르는 현상. 배고플 때 먹을 것을 찾는 행동도 마찬가지이다.

아니다.

(……)

선한 의지만이 유일한 선이거나 또는 모든 선의 총체인 것은 물론 아니다. 그러나 선한 의지는 최고의 선이며 또한 다른 모든 선의 조건임이 분명하다.

선의지란 그 자체로 높이 평가되며, 다른 어떤 목적[의도] 없이 선한 의지이다. 선의지란 모든 행위의 가치를 평가할 때 언제나 제일 높은 곳에 위치하며 다른 모든 가치의 조건이 되는 것으로, 그에 대한 개념은 건전한 상식에 이미 내재되어 있다. 따라서 그러한 개념은 배움을 통해 얻어진다기보다는 오히려 계몽을 통해 밝혀진다고 말해야 할 것이다.

도덕 형이상학 원론 IV 20–22

📖 핵심 읽기

무엇을 하고 싶다거나 원하는 일에는 반드시 우리의 의지가 작용한다. 행동하고 살아가는 데서 의지는 매우 중요하다. 어떤 의지, 즉 어떤 마음을 먹는가에 따라 그 일이 전혀 다른 결과를 낳을 수 있기 때문이다. 우리의 의지는 순수하기도 하고 다른 의도에 의해 이루어지기도 한다.

순수한 의도에 따른 의지는 그 어떤 의도나 이익 등을 고려하지 않고 진정 순수한 마음으로 행하려는 것이기에 진정 아름답고 참으로 좋은 것이라 말할 수 있다. 이러한 의지는 곧 선의지이며, 절대적으로 조건 없이 좋은 의지이다.

우리 주변에는 좋은 것들이 아주 많다. 건강도 좋은 것이고, 재산도 좋은 것이고, 재능이나 성공도 좋은 것이고, 용기와 결단력도 좋은 것이다. 그러나 이 모든 것이 정말 그 자체로도 좋은 것인가? 이 좋은 것들이 많은 경우 잘못 적용되어 우리에게 혼란과 해악을 끼치는 경우가 발생한다. 원하는 일이나 하고자 하는 일이 순수하지 못하면 나쁜 결과로 빠지기 쉽다. 이것이 바로 순수한 의지, 즉 선의지가 모든 행위의 근간으로 그리고 표준으로 작용해야 하는 이유이다.

🎩 생각해 보기

우리의 주변에는 순수한 의지, 즉 선한 마음에서 행한 일이 나쁜 결과를 낳는 경우가 발생한다. 좋은 마음에서 남을 도와주었는데 결과는 나에게 또는 남에게 손해를 끼치는 일이 일어난다. 그런 이유인지 요즈음에는 손해를 보지 않기 위해서, 즉 나쁜 결과에 대한 두려움 때문에 당연히 해야 할 불의한 일을 보고도 눈감아 버리는 경우가 자주 일어난다. 좋은 결과만을 만들어 내는 행위나 의지가 반드시 좋은 행위이고 좋은 의지인가?

우리 주변의 많은 행위나 행동은 유용하기도 하고 또한 실용적이기도 하다. 우리가 살아가는데 유용성과 실용성은 매우 중요하다. 유용하지 못한 물건이나 실용적이지 못한 규칙 등은 쓸모없는 것으로 치부된다. 그런데 우리 주변의 모든 것이 유용성과 실용성에 의해 평가되고 배척된다면 어떤 일이 벌어질까? 특히 도덕적 행위에서 유용성과 실용성이 절대적인 기준이 된다면 어떤 일이 벌어질까?

우리가 행동하거나 행동하려 마음먹을 때, 그 행동이 좋다거나 좋을 것이라고 생각하는 근거는 어디에 있는가? 그 행동의 동기에 있는가 아니면 그 행동이 미칠 결과에 있는가? 어떤 것이 그 행동을 하기 위한 더 바람직한 이유인가? 동기인가? 결과인가?

의무

🌿

　인간의 최고의 도덕적 완전성은 자신의 의무를 다하는 일인데, 그것도 의무감에서 그렇게 하는 것이다(즉 도덕 법칙이 단지 규칙에 불과한 것이 아니라, 행동의 동기가 되도록 하는 것이다).

도덕 형이상학, 덕론 IV 523

🌿

　의무여! 너 숭고하고도 위대한 이름이여! 너는 사람들이 좋아할 만한 것, 즉 그들이 네게 아부할 만한 것은 아무것도 갖고 있지 않으면서도 그들의 복종을 요구한다. 그러면서도 너는 사람들의 의지를 움직이기 위하여 그들을 협박하지 않는다. 협박은 당연히 마음속에 거부감을 야기하며, 사람들로 하여금 겁에 질리게 만든다. 너는 오직 하나의 법칙을 제시할 뿐이다. 이 법칙은 비록 항상 지켜지는 것은 아니지만 사람들의 마음속에서 저절로, 그들의 의지와는 달리, 존경을 받는다. 이 법칙 앞에서 모든 감성적 경향들은 비록 은밀하게는 그것에 저항하겠지만 결국은 침묵하고 만다. 너의 기품은 어디에서 유래하는가? 너의 고귀한 혈통의 근원은 어디에서 찾을 수 있는가? 감각적 경향과의 모든 관계를 도도하게 거부하는 그 고귀한 혈통의 근원은 어디에 있는가? 인간만이 자신에게 부여할 수 있는 그러한 가치의 필연적인 조건은 어디에서 기원하는가? 그것은 인간으로 하여금 (감성계의 일부인) 자기 자신을 넘어서게 하는 것임이 분명하다. 그것은 지성만이 생각할 수 있는 사물의 질서에 인간을 결합시키는 것이다. 이러한 질서는 감성계 전체를 지배할뿐더러, 시간 속에서 경험적으로 규정이 가능한 인간의 현존재[4]와 모든 목적들의 전체(이 전체만이 도덕법칙과 같은 무제약적인 실천 법칙에 적합하다)를 지배하는 것이다. 이것은 곧 인격성이다. 즉 자연 전체의 메커니즘으로부터의 자유이자 독립이다. 이것은 동시에 자기 자신의 이성에 의해 주어지는 순수하고 독특한 실천 법칙에 스스로 복종하는 존재자의 능력인 것이다. 그러므로 인격체는 감성계[5]에 속하면서 동시에 예지계[6]에도 속하는 한에서만 자기 자신의 인격성에 복종하는 것이다. 따라서 이렇게 두 세계에 속하는 인간이 이 두 번째의 가장 높은 사명에 관한 자신의 본질을 존중해야만 하며, 그러한 사명에 관한 법칙을 최고의 존경심을 가지고 바라보아야만 한다는 것은 당연하다.

실천이성 비판 Ⅳ 209

---

4 존재가 단순히 '있음'을 의미한다면, 현존재는 '현재 여기에 있는' 존재를 지칭한다.

5 감성계는 지각을 통해 알려지는 감각의 세계, 즉 경험 세계이다.

6 예지계는 지성 또는 이성을 통해 알려지는 세계이며 본질의 세계라고도 불린다.

내가 자주 그리고 계속해서 생각하면 생각할수록 나의 마음을 더욱 새롭고 더욱 커다란 놀라움과 경외감으로 충만시켜 주는 것이 두 가지 있다. 내 머리 위의 별이 총총한 하늘과 내 마음 속의 도덕법칙이 그것이다. 나는 이 두 사물을 어둠에 둘러싸인 것으로서나 아니면 나의 시야 밖에 있는 어떤 엄청난 것으로서 찾아서도 안 되며, 단지 [막연하게] 추측하기만 해서도 안 된다. 나는 그것들을 바로 나의 앞에서 바라보며 나 자신의 존재에 대한 의식만큼이나 직접적으로 의식한다. 전자의 것은 내가 나의 외부의 감성계에서 차지하는 위치에서 시작하여, 나와 관계를 맺는 세상과 우주를 무한히 크게 확장시킨다. 후자의 것은 나의 보이지 않는 자아, 즉 인격성에서 시작하여 진정으로 무한한 세계 속에 있는 나를 보여주는데, 우리의 지성만이 이러한 세계를 감지할 수 있다. 나는 나와 그러한 세계와의 결합(그리고 이를 통해 모든 가시적인 세계와의 결합까지)을 전자의 경우에서처럼 그저 우연적인 관계가 아니라 보편적이고 필연적인 관계로서 인식한다. 전자의 경우 무수히 많은 세계들을 바라보면, 하나의 동물로서 잠시 동안 생명력을 (어떻게 해서인지는 모르지만) 부여받은 뒤에, 자신을 구성하고 있던 물질들을 (우주 속의 한 점에 불과한) 행성에게 다시 반납해야 하는, 나 자신의 가치가 소멸해 버리는 것처럼 보인다. 그러나 이에 반해 후자는 지성적 존재로서의 나의 가치를 인격성에 의해 무한히 고양시킨다. 나의 인격성 속에 있는 도덕법칙은 동물성으로부터, 아니 더 나아가 모든 감성계의 지배로부터 벗어나 있는 삶을 내게 드러내 준다.

실천이성 비판 Ⅳ 300

칸트의 실천철학, 즉 윤리학에서 중요한 개념은 선의지, 의무, 자유, 도덕법칙, 정언명령 그리고 최고선 등의 개념이다. 그러나 이 모든 개념은 인간의 이성, 즉 실천이성이 지닌 특성을 다양한 모습으로 보여 주는 것에 불과하다. 그럼에도 이 개념들은 상호 간에 불간분의 관계를 맺고 있다. 결국 이 모든 개념은 인간의 마음 안에 주어져 있는 양심의 여러 측면을 표현하고 있는 것이다.

칸트는 의무 개념을 매우 높이 평가한다. 선의지에서 나온 행위만이 가치 있는 행위이기 때문에 이런 행위는 우리의 의무이다. 도덕법칙을 따르는 행위는 의무이다. 도덕적이지 않은 이유, 즉 다른 목적이나 다른 이익을 의도한 경우, 이는 우리의 도덕적 의무에 위배된다.

인간은 이성적 존재인데, 이성은 이론적 이성과 실

천적 이성으로 구분된다. 결국 인간은 이론적 이성을 통해 이론적 지식을 탐구하고 규명해 내며, 동시에 실천적 이성을 통해서는 행위의 규범이나 원칙을 제시한다. 실천적 이성을 통해 드러난 것이 도덕법칙이다. 때문에 실천이성의 주체인 인간이 도덕법칙을 따르는 일은 너무나 당연한 일로 실천적 이성 존재인 인간의 의무이다. 의무를 따르는 또는 따를 수 있는 인간이 곧 인격체인 것이다.

📖 생각해 보기

의무란 무엇인가? 우리의 헌법에 보면 우리는 상당히 많은 의무와 책임을 지고 있다. 군대에 갈 의무, 세금을 낼 의무, 법을 지킬 의무 등등. 이는 대한민국이라는 사회에서만 적용되는 의무이지 외국에까지 적용되지는 않는다. 이런 의무는 각 나라마다 매우 많고 매우 다양하다. 그러나 이 모든 것의 공통적인 특성이 의무 개념에 주어져 있다. 즉 의무 개념은 '어떠한 조건

하에 놓인 소속된 공동체의 구성원'에게 부과된 개념이다. '학생'의 의무는 무엇인가? '인간'의 의무는 무엇인가?

인간은 이 세상에서 어떤 조건에 놓여 있는가? 다시 말하면 인간은 다른 존재와 어떤 차이점을 보이는가? 식물이나 동물이 지닌 공통된 특성이 인간을 차이 나게 하지는 않는다. 전통적으로는 이성을 지닌다는 사실이 인간을 인간으로 특징짓고 있다. 그러면 이성이라는 특징을 지닌 인간의 구성체, 즉 인간 사회에 부여된 의무는 무엇일까?

도덕법칙

[도덕]법칙에 대한 존경심에서 유래하는 행위의 필연성이 바로 의무이다. 내가 어떤 행위를 계획하고 있는 경우, 나는 행위 결과인 그 행위의 대상에 대해 애착을 가지기는 하지만 존경심을 가질 수는 없다. 왜냐하면 그것은 의지 활동 자체가 아니라 단지 의지의 결과에 불과하기 때문이다. 마찬가지로 나는 경향성에 대해, 그것이 나의 것이든 타인의 것이든, 결코 존경심을 가질 수 없다. 나의 경향성이라면 기껏해야 인정될 수 있을 뿐이며, 타인의 경향성이라면 때때로 환영할 수 있을 뿐이다. 그것이 나의 이익에 보탬이 된다고 간주될 수 있다면 말이다. 결과로서가 아니라 오직 근거로서 나의 의지에 결합되어

있는 것, 나의 경향성에 도움이 되는 것이 아니라 그것을 압도하거나 아니면 최소한 무엇인가를 선택할 때 경향성을 전혀 고려하지 않도록 만드는 것, 그것이 바로 법칙이다. 이와 같은 법칙만이 존경의 대상일 수 있으며, 법칙만이 명령을 제공할 수 있다.

의무에서 유래하는 행위는 경향성의 영향을 배제해야 하며, 그와 함께 의지의 대상 역시 전적으로 배제해야 한다. 그러므로 의지를 규정할 수 있는 것은 객관적으로 보면 법칙뿐이며, 주관적으로 보면 실천 법칙에 대한 순수한 존경, 즉 나의 경향성을 모두 포기하고서라도 법칙에 복종하겠다는 준칙뿐이다.

도덕 형이상학 원론 IV 26

　우리가 살고 있는 자연 세계는 어떤 질서에 의해 이루어진 세계이다. 이 질서가 자연법칙을 의미할 것이다. 자연법칙을 어기면 인간을 비롯한 자연 세계의 모든 존재는 더 이상 존립할 수 없을 것이다. 이처럼 법칙은 그 법칙에 속하는 존재가 반드시 따라야 하는 질서이다. 자연의 생명체는 반드시 영양분을 섭취해야 한다. 이것은 하나의 법칙으로, 어길 경우 자신의 존재를 유지할 수 없다. 이런 자연의 질서, 즉 자연법칙은 자연적 존재에 내재해 있다.

　도덕법칙은 무엇인가? 자연법칙과 도덕법칙은 무엇이 다른가? 칸트에 따르면 도덕법칙의 주체는 이성을 지닌 인간이다. 이 말은 이성적 존재인 인간이 도덕법칙을 만들었다는 것을 의미한다. 더 정확히 말하면 이성적 존재인 인간의 내면에 이미 도덕법칙이 주어져 있다는 것이다. '내 머리 위의 별이 총총한 하늘[자연]과 내 마음 속의 도덕법칙'을 칸트는 가장 경외하고 존경의 대상으로 삼았다.

내가 만든 것은 내 것이고 내 권리에 속하는 것이다. 그러나 동시에 이 내 것을 방치하고 활용하지 못한다면 그 책임도 나에게 있다. 내 것이라고 내 마음대로 방치해도 되는 것이 아니라 반드시 그것에 따라야 하고, 즉 법칙으로 받아들여야 하고 의무로 행해야 하는 것이다.

📖 생각해 보기

자연적 존재가 자연법칙을 어기면 그에 합당한 처벌을 받는다. 이런 사례는 우리 주변에서 어렵지 않게 찾을 수 있다. 그러면 도덕법칙을 어기면 어떤 일 또는 처벌이 가해질까? 법을 어기면 처벌을 받는다. 사례는 많다. 도덕법칙을 어기면 어떤 처벌을 받을까?

경외심은 무엇인가? 존경심은 어떤 것인가? 우리의 능력을 넘어서는 어마어마한 것에 우리는 두려움을 느낀다. 거대한 산불이나 산사태 등을 볼 때 우리는 두려움을 느낀다. 그러나 그런 상황을 보고 경외심을 느끼지는 않는다. 두려움과 경외심은 차이가 있는가? 또한 우리는 우리 같은 일반인이 할 수 없는 일을 한 사람을 모두 존경하지는 않는다. 돈을 많이 번 사람을 부러워할 수는 있어도 존경하지는 않기 때문이다. 그런데 우리는 돈을 많은 번 어떤 재벌가를 존경하는 경우가 있지 않는가? 부러움과 존경심은 어떤 공통점과 차이점이 있는가?

정언명령

[1] 너의 의지의 준칙이 언제나 동시에 보편적 입법의 원리로서도 타당할 수 있도록 그렇게 행위하라.

실천이성 비판 IV 140

예컨대, 내가 절박한 상황에 처하여, 지킬 생각을 하지도 않으면서 어떤 약속을 하는 것은 해서는 안 될 일이 아닌가? 이 물음에 대한 대답을 가장 빠르고 또 가장 확실하게 찾으려면 먼저 스스로에게 다음과 같이 물어보면 된다. 즉 '(거짓 약속을 통해 곤경을 벗어난다는) 나의 이러한 준칙이 보편 법칙으로서 (나와 다른 사람 모두에게) 마땅히 통용된다면, 나는 과연 이 사실에 만족할 수 있을까?'라고 말이다. 그러면 나는, 곤경에 빠져 있는 사람은, 만일 다른 방법으로는 그로부터 빠져나올 수 없다고 생각하게 되면, 누구나 거짓 약속을 하게 될 것이라는 사실을 깨닫게 된다. 그리하여 나는, 비록 내가 거짓말하는 것은 원할 수 있을지라도, 거짓말하는 것을 보편 법칙으로 만드는 일은 결코 원할 수 없다는 사실을 깨닫게 된다. 왜냐하면 그와 같은 법칙에 따르게 되면 약속이란 것은 아예 성립할 수조차 없을 것이기 때문이다. 나의 말을 믿지 않는 다른 사람들에게 미래의 행위에 관한 나의 의지를 이야기한다는 것은 아무 소용없는 일일 것이다. 또한 그들이 비록 경솔하게 나의 말을 믿게 될 경우에라도 그들은 다시금 나에게 동일한 방식으로 보복하게 될 것이다. 결국 나의 그러한 준칙은, 그것이 보편 법칙으로 됨과 동시에 곧바로 파기되고 만다.

도덕 형이상학 원론 IV 29

[2] 마치 너의 행위 준칙이 너의 의지를 통하여 마땅히 보편적인 자연법칙이 되어야 하는 것처럼, 그렇게 행위하라.

도덕 형이상학 원론 IV 51

불행에 불행이 겹쳐 절망에까지 이른 나머지, 삶에 염증을 느낀 사람이 있다고 하자. 그가 자살을 하는 것이 자기 자신에 대한 의무에 반하는 것이 아닌가 하고 자문을 한다면, 그렇게 할 수 있는 한 그는 아직 이성을 가지고 있는 상태이다. 그러므로 그는 최소한 그의 행위의 준칙이 정말로 보편적 자연법칙이 될 수 있는가에 대해 생각해 볼 수 있다. 그의 준칙은, 그의 자기애의 원리에 의거하여, '만일 내 생명의 연장이 쾌적함을 약속하기보다는 오히려 고통을 가져올 위험이 더 많다면, 나는 차라리 생명을 단축해 버리겠다'는 것이 될 것이다. 이제 한 걸음 더 나아가, 과연 그의 자기애의 원리가 자연의 보편적 법칙이 될 수 있는가 하는 점이 검토되어야 한다. 우리는 즉각 감정의 본분은 생명을 촉진시키는데 있으므로, 만일 감정에 의해 생명이 파기되는 것이 자연의 법칙이라면, 그러한 자연은 자기 자신과 모순되며 따라서 자연으로서 존립할 수 없다는 것을 알 수 있다. 결국 우리는 그의 준칙은 보편적 자연법칙이 될 수 없으며, 모든 의무의 최상 원리에 전적으로 배치된다는 것을 알 수 있다.

도덕 형이상학 원론 IV 52

[두 번째로는] 궁핍에 쪼들려 어쩔 수 없이 돈을 빌리지 않으면 안 되는 또 다른 어떤 사람이 있다고 하자. 그는 자신이 빌린 돈을 갚을 수 없으리라는 것을 분명히 알지만, 정해진 기일 안에 돌려준다고 약속하지 않으면 돈을 빌릴 수 없다는 사실 역시 알고 있기 때문에 기꺼이 거짓 약속을 하고자 한다. 그러나 그는 그렇게 해서 어려움을 극복하는 것이 의무에 위배되는 것이 아닐까, 또 그것은 금지된 행위가 아닐까 하고 자신에게 물어볼 정도

의 양심은 아직 가지고 있다. 이 경우 만일 그가 거짓 약속을 결심한다면, 그의 행위 준칙은 '되돌려 줄 수 없을 것임을 뻔히 알면서도, 수중에 돈이 없으면 거짓 약속을 해서라도 돈을 빌리겠다'라고 정식화될 수 있다. 이와 같은 자기애의 원리, 즉 자기 본위의 원리는 자신의 미래의 행복과 잘 일치할 수도 있을 것이다. 다만 지금의 문제는 그것이 과연 옳은가 하는 점이다. 이제 이러한 자기애의 요구를 보편적 법칙으로 변형시켜 보자. 만일 그러한 나의 준칙이 보편적 법칙이 되면, 과연 어떤 일이 일어날까? 보편적 자연법칙으로서의 이 준칙은 아무런 타당성도 가지지 않으며, 그것은 자기 자신과 일치하지 않고 반드시 모순에 빠지게 된다. 우리는 그러한 사실을 금방 알수 있다. '어려움에 빠져 있는 사람이라면 누구든 지킬 의도가 없더라도 아무거나 생각나는 대로 약속해도 좋다'라는 것이 법칙으로서 보편화되면, 그것은 약속 자체를 불가능하게 만들며 또한 약속을 통해 도달하고자 하는 목적 자체를 불가능하게 만든다. 왜냐하면 어느 누구도 다른 사람의 약속을 믿지 않을 것이요, 그와 같은 말은 모두 공허한 거짓 핑계일 뿐이라고 조소할 것이기 때문이다.

도덕 형이상학 원론 IV 52

이제 세 번째 사람은 약간의 교육을 받기만 하면 여러 면에서 유용한 사람이 될 만한 재능을 가지고 있는 사람이다. 그런데 그는 안락한 생활환경 속에 있기 때문에 자신의 좋은 재능을 발전, 향상시키도록 노력하기보다는 인생을 즐기며 시간을 보내려고 한다. 이제 그는 다음과 같이 묻게 될 것이다. 즉 '천부적 소질의 계발을 등한시하려는 나의 준칙이 쾌락을 추구하는 자연적 성향에는 일치하겠지만, 과연 우리가 의무라고 부르는 것과도 일치할 수 있을까?'라고. 모든 인간이 (남태평양 섬의 원주민처럼) 자신의 재능을 녹슬게 하고 자신의 일생을 평온함, 즐거움, 육체적 쾌락 등 향락에만 바친다 해도, 자연 세계는 여전히 보편 법칙에 따라서 변함없이 지속될 것이라는 사실을 그는 알고 있다. 그러나 그는 이와 같은 일이 보편적 자연법칙이 되기를 의욕[7]할 수는 없다. 즉 그것이 자연적 본능에 의해 보편적 자연법칙으로서 우리 안에 이전되기를 의욕할 수는 없는 것이다. 자신 안에 있는 능력이 모두 발현되기를 의욕하는 것이 이성적 존재자에게는 필연적인 일이다. 왜냐하면 능력이란 어떤 것이든 가능한 목적을 위해 존재하는 것인데, 그와 같은 능력이 우리 안에 이미 주어져 있기 때문이다.

도덕 형이상학 원론 IV 53

풍족한 생활을 하고 있는 네 번째 사람은 힘들게 살고 있는 다른 사람들을 보며 (그는 아마도 그들을 도울 능력을 가지고 있을 것이다) 다음과 같이 생각한다. '내가 그들과 무슨 상관이 있단 말인가? 어떤 사람에게는 하늘이 행복을 부여했을 것이고, 또 어떤 사람은 자신의 힘으로 행복해질 수 있는 것이 아니겠는가. 나는 그들의 것을 빼앗지도 않을 것이요, 그들을 부러워하지도 않을 것이다. 그들

---

7 바람, 기원, 희망

의 행복을 위한 것이든 아니면 그들을 돕기 위한 것이든 마찬가지이다.' 이와 같은 사고방식이 보편적 자연법칙이 되었다고 생각해 보자. 그러한 경우라도 우리 인류가 멸망하는 일은 일어나지 않을 것이다. 뿐만 아니라 이 경우가, 모든 사람이 [한편으로는] 동정과 호의에 대해 이야기하고 또 기회 닿는 대로 그러한 것을 실행에 옮기려고 하면서도, [다른 한편으로는] 할 수만 있다면 다른 사람들을 속이고 다른 사람의 권리를 팔거나 심지어 침해하는, 그러한 경우보다는 분명 훨씬 나을 것이다. 하지만 비록 그러한 준칙이 혹 자연법칙으로 성립할 수 있다 할지라도, 우리는 그 원리가 자연법칙으로서 모든 곳에서 타당성을 갖게 되기를 의욕할 수는 없다. 왜냐하면 그것을 원하는 의지는 자기모순에 빠지게 되기 때문이다. 즉 그가 다른 사람의 사랑과 동정을 필요로 하는 때에도 자신이 원하는 도움에 대한 희망을 ㅡ자신의 의지가 부여한 자연법칙 때문에ㅡ 자기 자신에게서 박탈하게 되는 경우가 적지 않게 생길 수 있기 때문이다.

도덕 형이상학 원론 IV 54

[3] 너는 너 자신의 인격과 다른 모든 사람의 인격에 있어서 인간성을 언제나 동시에 목적으로 간주하여야 하며, 결코 한갓 수단으로 사용해서는 안 된다.

도덕 형이상학 원론 IV 61

자살을 감행하고자 하는 사람은 목적 자체인 인간성의 이념과 자신이 행위가 양립할 수 있는지 스스로에게 물어 보게 될 것이다. 괴로운 상태에서 벗어나기 위하여 자살을 선택한다면, 그는 자신의 인격을 하나의 수단으로 사용하는 것이다. 그런데 인간은 물건이 아니며, 따라서 수단으로 사용될 수 없고, 모든 행위에 있어서 항상 목적으로 간주되어야 한다. 그러므로 나는 나의 인격 안에 있는 인간을, 사물을 처분하듯이 훼손하거나 더럽히거나 죽이거나 할 수 없다.

도덕 형이상학 원론 IV 61

칸트의 정언명령을 통해 우리는 도덕법칙이 어떠한 형태 또는 형식을 지니고 있는지를 이해할 수 있다. 누군가가 도덕법칙이 무엇이고 어떻게 하는 것이 도덕법칙에 따른 행동인가라고 물을 때, 그에 대한 대답은 쉽지 않다. 단순히 거짓말하지 않고 착하게 사는 것이 도덕법칙에 따르는 삶이라고 대답한다면 그 대답은 너무 막연하고 허술하다. 행위의 구체적 기준이 주어지지 않은 채 좋은 것들에 대한 단순한 나열에 불과하기 때문이다. 무엇이 좋은지에 대한 기준이 필요하다. 정언명령은 이러한 기준을 부여해 준다.

칸트는 정언명령, 즉 도덕법칙의 형태를 다양하게 언급하고 있지만 대체로 세 가지 유형이 대표적이다. 칸트의 도덕법칙은 [1] 준칙(주관적 원리)을 보편적 원리(법칙)로 삼을 것, [2] 우리의 행위가 자연의 법칙인 것처럼 당연시되듯이 행위할 것, [3] 인격체인 인간을 수단이 아닌 목적으로 다룰 것 등의 형태로 이루어진 명령이다.

정언명령은 단언 명령 또는 절대적 명령의 의미를
지니고 있다. 어떤 조건이 들어간 명령은 가언명령이라
한다. 가언명령은 '만약 …이라면, …이다'라는 형태를
띤다. 그러나 정언명령은 단적인 명령이기에 어떠한 이
유나 변명 없이 '곧 바로 무엇을 하라'라는 명령을 의미
한다. '감옥에 가지 않으려면 도적질하지 마라'와 '도적
질하지 마라'와는 어떤 차이가 있을까?

준칙은 주관적인 원리 또는 주관적 법칙을 뜻한다.
내가 어떤 행동을 하려고 마음먹는 상태가 준칙이다.
그에 반해 법칙이나 보편성은 한 개인에만 한정된 것이
아니라 모든 사람들에게 당연한 또는 대다수의 사람들
에게 받아들여질 만한 것들이다. 내가 지금 배가 고프
니 가게의 빵을 훔쳐 먹어야겠다고 생각하는 일은 어떤

가? 생각할 수 없는 일인가? 그런데 이러한 일을 보편
적으로 받아들일 수 있는가? 즉 법칙이 될 수 있는가?

자유, 양심 그리고 인간의 존엄성

만일 이러한 [도덕]법칙이 우리 안에 주어져 있지 않다면, 우리는 그것을 이성을 통해 발견할 수도 없을 것이고 또 우리의 자유로운 선택의지에 강요할 수도 없을 것이다. 이 [도덕]법칙은 또한, 우리의 선택의지가 모든 다른 (자유의) 동기들에 의한 규정으로부터 독립되어 있음을 우리에게 일깨워 주고, 그래서 우리가 모든 행위를 책임질 수 있는 능력을 가지고 있음을 의식하게 해 주는 유일한 것이다.

단순한 이성의 한계 내에서의 종교 IV 673

자유와 무조건적인 실천 법칙은 서로가 서로를 지시한다. 우리에게 직접적으로 의식되는 것은 실천 법칙이다. (그것은 우리가 의지의 준칙들을 생각해내자마자 우리에게 의식된다.) 즉 실천 법칙이 먼저 우리에게 모습을 드러낸다. 이성은 실천 법칙을 감성적 조건들을 능가하는 규정 근거로서, 그리고 감성적 조건들로부터 자유로운 규정 근거로서 제시한다. 그렇게 함으로써 실천 법칙은 자유의 개념에로 나아간다.

실천 이성비판 IV 139

　　예지계에 속해 있는 이성적 존재자로서의 인간은 자기 자신의 의지의 원인성[8]을 오직 자유의 이념 아래에서만 생각할 수 있다. 왜냐하면 감성계에서의 규정 원인[9]으로부터 독립(이성은 언제나 이 상태에 있어야만 하는데), 바로

8　어떤 사건 또는 어떤 문제의 근본적인 핵심이 되는 성질이나 특성.
9　어떤 사건이나 문제를 해결하거나 결정하는데 핵심이 되는 성질.

그것이 자유이기 때문이다.

도덕 형이상학 원론 IV 88

우리가 양심이라고 부르는 것은 우리 안에 있는 참으로 놀라운 능력이다. 우리는 머릿속에 남아 있는 어떤 위법적인 행위를 의도적인 것이 아니라 단순히 실수였다고, 또는 누구나 저지를 수 있는 부주의함이었을 뿐이라고 얼마든지 변명할 수 있다. 또 우리는 그것을 자연의 강력한 필연적인 사건의 결과로 변명할 수도 있으며, 그렇게 함으로써 자신의 무죄를 선언할 수도 있다. 그러나 만일 법을 어긴 바로 그 순간에 자신이 자유로운 상태에 있었음을 생각하기만 한다면, 우리는 우리의 변론을 맡고 있는 이 변호사가 우리를 고발하고 있는 원고[양심]를 결코 침묵하게 만들 수 없다는 것을 분명히 알게 된다. 아마도 우리는 자신의 위법행위를 집중력의 점차적 감소가 만들어 낸 잘못된 습관에서 야기된 것이라고 말하고, 그렇게 함으로써 자신의 위법행위를 잘못된 습관의 자연적 결과로 간주할 수도 있을 것이다. 그러나 그렇다고 해서 우리가 내면으로부터 쏟아지는 책망과 질책으로부터 우리 자신을 보호할 수 있는 것은 아니다. 이러한 자기 자신에 대한 책망과 질책이 우리가 지난 잘못을 생각할 때마다 갖게 되는 후회의 뿌리이기도 하다.

실천 이성비판 IV 223

모든 사람은 양심을 가지고 있다. 그래서 이 내면의 재판관으로부터 관찰되고, 위협받고, 또 (두려움과 결합된 존경 속에서) 존중받고 있다고 느낀다. 우리 각자의 내부에서 [도덕]법칙을 지키고 있는 이 힘은, 우리가 (자의적으로) 만들어 낸 것이 아니라 우리의 본질 속에 체질화되어 있는 것이다. 이 힘은 우리가 그것으로부터 도망가 버리려 해도 우리에게 그림자처럼 따라붙는다. 우리는 비록 쾌락과 오락으로 마비가 되어 잠에 빠질 수는 있으나, 수시로 저 준엄한 목소리를 들을 때마다 즉시 자신에게로 돌아와 깨어날 수밖에 없다. 우리는 극단적인 방탕함 가운데에서 자신으로 다시 돌아오지 못할 정도로까지 멀리 갈 수 있다. 그러나 그때에도 저 [양심의] 목소리를 들을 수 있다는 사실은 불가피한 일이다.

도덕 형이상학. 덕론. IV 573

인격체로서의 인간만이, 즉 도덕적이고 실천적인 이성의 주체로서 고찰될 때의 인간만이 어느 무엇보다도 더 존귀한 것이다. 왜냐하면 인격체로서의 인간은 다른 사람의 목적에 대한, 아니 심지어 자기 자신의 목적에 대한 수단으로서 뿐만 아니라, 그 자체가 목적으로서 평가되어야 하는 것이기 때문이다.

도덕 형이상학. 덕론. IV 569

우리는 도덕적 존재로서의 인간에 대하여 (또한 이 세상의 모든 이성적 존재자에 대하여) 그가 무엇을 위해 존재하는가 하고 물을 수는 없다. 인간의 실존은 그 자체 안에 최고의 목적을 가지고 있기 때문이다.

판단력 비판 V 538

만일 음주에 탐닉하거나, 자연의 법칙에 어긋나는 범
죄를 저지르거나, 무엇이든지 과도하게 하거나 하면, 이
는 모두 인간을 동물 이하로 떨어뜨리는 것이요, 인간의
존엄성을 부인하는 것이다. 또 다른 사람 앞에서 기면서
비굴한 행동으로 아부하기 위하여 늘 찬사만 늘어놓는다
면, 이 또한 인간의 존엄성에 역행하는 행위이다.

교육학 VI 749

도덕법칙은 우리 안에 선천적으로 주어져 있는 것이다. 우리가 이성을 지니고 있다는 사실을 받아들이기만 하면 말이다. 이성, 특히 실천이성이 곧 도덕법칙을 의미하기 때문이다. 인간은 이미 도덕법칙의 주체인 것이고 이런 이유 때문에 인간은 인격체인 것이다. 이는 다른 말로 표현하면 양심을 의미한다. 우리가 양심을 지니고 있다는 말은 곧 우리는 실천이성을 지닌 도덕법칙의 주체라는 말이고, 양심에 따라 행동해야 한다는 말은 곧 도덕법칙에 따라 사는 것, 즉 인간답게 사는 것을 의미한다.

양심은 우리 안에 있는 힘이다. 다른 누군가에 의해 강요된 힘으로 양심이 나타나지는 않는다. 양심은 자유롭다. 인간은 자유를 지닌다는 말은 곧 우리는 양심을 지닌다는 말과 같은 뜻이다. 내가 자유로이 행동한 일은 내 양심에 따른 행위이다. 칸트는 인간의 자유를 가장 높이 평가했고 인간을 인간답게 하는 가장 근본적이고 기본적인 것이라고 강조한다.

　인간이 자유로운 존재라는 말은 곧 양심에 따른 존재라는 말이고, 이 말은 다시 인간이 도덕법칙에 따른 존재임을 표현한다. 이에 따라 우리가 정언명령에 따르는 일은 너무나 당연한 일이 된다. 이런 행위의 주체만이 이 세상에서 가장 존엄한 존재로 대우를 받을 수 있고, 이런 인간은 인격체로 간주된다. 동물의 모습을 한 인간, 즉 자연적 특성을 지닌 인간 그리고 자신을 수단화하는 존재, 다른 사람들을 수단화하는 사람은 결코 인격체의 지위를 얻을 수 없고 존엄한 존재로 대우를 받을 수 없다.

■ 생각해 보기

　인간은 여러 모습을 지니고 있다. 돌이나 흙처럼 물질적 존재이고, 나무나 꽃처럼 생명을 지니고, 고양이나 닭처럼 감각기관을 지니고 살아간다. 그러나 인간은 이 모든 존재가 지니고 있지 못한 측면을 지니고 있다. 인간은 이성을 지닌다, 생각하는 존재이다 등이 인간을 다른 존재와 구별하는 특징으로 제시되고 있다. 이성이나 생각 이외에 인간을 인간으로 특징짓는 요소는 더 있는가?

왜 우리가 이 세상에서 가장 존귀한가? 다른 존재, 즉 고양이 돼지 등등보다 우리 인간이 더 소중한 이유가 있는가? 요즈음 사회를 보면 동물보다 못한 행태들이 자주 나타나지 않는가? 동물을 사랑하는 사람은 소중한가? 그러면 사람을 사랑하는 사람은 더 소중하지 않을까? 소중함과 존귀함에 대해 더 많은 물음이 필요한 시기이다.

문화적
인간

삶과 교육

🌿

꼭 철학자가 되지는 않더라도 철학적인 사고에 종사하면 여러 불쾌한 감정이나 심성의 격앙까지도 피할 수 있는 수단을 제공받을 수 있다. 왜냐하면 그것은 외부적이고 우연적인 조건들로부터 자유로우며, 그래서 단지 유희임에도 불구하고 강력하고 내면적인 관심을, 즉 삶의 활력을 억제하지 않는 관심을 동반하기 때문이다. 이에 비해 학문으로서의 철학은 이성의 궁극목적 전체(이것은 절대적인 통일성으로서 파악된다)에 대하여 관심을 가지는데, 일종의 힘을 느끼게 한다. 그리고 이 힘은 인생의 가치를 합리적으로 평가함으로써, 나이와 더불어 쇠약해지는 우리의 육신을 어느 정도 보상해 줄 수 있다. 학부들 간의 논쟁 VI 377

학자들에게 있어 사유는 영양분과 같은 것이다. 영양분이 없다면 사람들은 깨어 있다 해도 혼자서는 살아갈 수 없다. 사유가 (예를 들어 독서에 의한) 학습이나 숙고 (예컨대 반성이나 고안)에 의해 성립할 수도 있다. 그러나 우리가 식사할 때나 걸어갈 때 의도적으로 어떤 특정한 생각에 몰두하려고 하면, 머리와 위 또는 머리와 다리에 동시에 두 가지 작업을 통해 부담을 주게 되며, 우울증이나 현기증을 유발할 수 있다.

학부들 간의 논쟁 Ⅵ 385

인간은 교육을 받아야만 하는 유일한 피조물이다.

인간은 교육에 의해서만 인간이 될 수 있다. 인간이란 자신 스스로의 교육에 의해 만들어진 존재 그 이상이 결코 아니다.

세계 속에 있는 모든 좋은 것들은 교육에 의해 만들어진다.

인간성 속에는 여러 가지 소질들의 싹이 들어 있다. 그러나 이러한 자연의 소질들을 균형 있게 계발시켜 인간성을 잠재 상태로부터 일깨우고, 인간으로 하여금 자신의 사명에 도달하게 만드는 것이 우리 인간의 과제이다.

인간이 자신을 좀 더 나은 상태로 만들고, 도야하며, 악한 성품에도 불구하고 도덕성을 창출해 내는 것 등이야말로 인간이 마땅히 해야 할 일이다. 그러나 우리가 곰곰이 생각해 보면 이러한 것들은 매우 어려운 일이라는 사실을 발견할 수 있다. 그러므로 교육이야말로 인간에게 부과될 수 있는 가장 커다란 문제이자 가장 어려운 문제이다. 올바른 식견은 교육에 의존하고, 교육은 다시 올바른 식견에 의존하기 때문이다. 따라서 교육은 오로지 서서히 진보할 수 있을 뿐이다. 어느 한 세대가 그들의 경험과 지식을 다음 세대에 전달해 주고, 이 세대는 다시 그들이 물려받은 것에 무엇인가를 좀 더 보태서 그 다음 세대에게 전수함으로써 비로소 교육 방법에 관한 올바른 이해가 성립할 수 있다.

교육학 Ⅵ 700 – 711

마치 어린 아기들이 걷기를 배우지 않고서는 걸을 수 없기나 한 것처럼 그들에게 걸음마를 가르치려는 것은 기이한 일이다. …… 걷기를 가르치는 가장 좋은 방법은 아기들이 바닥에서 기어 다니도록 놔 두는 것이다. 그러면 아기들은 점차 스스로 걸음마를 배운다. 어른들은 단지 아기들이 예리한 물건에 찔리거나 딱딱한 바닥에 넘어져 다치지 않도록 부드러운 덮개 같은 것을 안전하게 방에 깔아 주기만 하면 된다.

어린이들을 잘 길들이는 것은 그리 중요하지 않다. 중요한 것은 어린이들이 생각하는 법을 배우는 것이다. 생각함을 배운다는 것은 곧 모든 행위들이 그것[생각함]으로부터 비롯되는 원칙들을 배우는 것이다.

어린이들은 일찍부터 인간의 권리에 대한 경외감과 존경심을 배워야 한다. 어른들은 어린이가 실제로 그것을 실천하는가를 주의 깊게 살펴보아야 한다. 예를 들어 한 어린이가 어떤 가난한 어린이와 마주쳤을 때, 그 어린이를 거만하게 길 밖으로 내밀친다든지 때렸을 경우, 어른

들이 다음과 같이 말하면 안 된다. '그러지 말아라, 그러
면 그 애가 아프단다.', '가난한 아이니까 동정심을 가져
라!' 등등. 어른들은 그 거만한 아이를, 그 아이가 가난한
아이를 대하던 것과 똑같이 거만하고 혹독하게 대해야
한다. 그 아이의 행동은 인간성의 권리를 침해한 것이기
때문이다.

교육학 VI 720-750

철학은 두 유형으로 나누어 생각해 볼 수 있다. 하나는 일상생활에서의 철학적 사유이고, 다른 하나는 세계 전체 또는 세계의 궁극목적에 관련한 학문으로서의 철학이다. 일상에서의 철학적 사유는 우리의 격앙된 감정을 조절하고 즐겁고 활력적인 삶을 이끌어 준다. 한마디로 살맛나는 세상이 무엇인지를 제시해 줄 수 있다. 그러나 이런 삶도 학문으로서의 철학이 뒷받침되지 않는다면 이루어지기 어렵다. 철학 없이 그 어디에서도 세상과 인생을 합리적으로 평가해 줄 근거를 찾아볼 수 없기 때문이다.

교육은 인간을 인간답게 만들어 준다. 다른 존재, 즉 여타의 동물들과는 달리 인간은 교육을 통해 살아가고 성장한다. 교육은 자신의 육체적이고 도덕적인 성장뿐만 아니라 사회 발전의 원동력이 되고, 특히 인류의 발전, 즉 세대에서 세대로의 전승을 가능하게 하는 인간 고유의 능력이다.

칸트에 따르면 어린이의 교육도 처음부터 자유에 입각해야 한다. 주입식이나 암기 등의 교육은 어린이의 성장을 저해한다. 스스로 걸음마를 배우는 아기가 더 튼튼하듯이, 어린이의 교육도 자신이 스스로 이루어야 한다. 어른은 단지 어린아이의 조력자이면 충분하지 지배자나 대리인이어서는 안 된다. 지배나 복종에 의해 키워진 사람에게서는 인간에 대한 경외감이나 존경심은 나오지 않는다.

💬 생각해 보기

철학을 한다는 것은 철학자만의 고유한 영역이 아니다. 일상에서의 철학적 사유는 누구나, 심지어는 어린아이도 할 수 있다. 사유를 통해 세상을 보고 삶을 되돌아보는 일이 철학이다. 또한 학문으로서의 철학도 이성을 가진 사람이라면 누구에게나 열려 있는, 결코 접하기 어려운 학문이 아니다. 지적인 호기심을 통해 세상의 본질과 목적을 탐구하고 싶어하는 자는 모두가 철학자가 될 수 있다.

  예부터 우리의 선조들은, 교육은 우리 삶의 백년을
내다보아야 한다고 말해 왔다. 다른 무엇보다 교육의
중요성을 강조한 것이다. 교육을 통해 사회제도와 경제
활동 등이 이루어지고 살기 좋은 사회가 이루어진다는
사실은 강조할 필요가 없다. 그런데 어떤 교육이 이러
한 사회를 만드는가? 사회제도를 암기하고 경제 용어
를 이해하는 것으로 살기 좋은 사회가 이루어질까?

아름다움과 숭고

아름다움에 관한 인간의 감정에는 모름지기 두 가지 종류의 것이 있는데, 숭고의 감정과 미의 감정이 그것이다. 이 두 가지 감정은 모두 쾌적한 감정이지만 그것이 우리에게 주어지는 방식에 있어서는 매우 상이하다. 구름 위로 솟아 있는 눈 덮인 산봉우리나 미친 듯 휘몰아치는 폭풍우, 밀턴이 그의 《실낙원》에서 묘사하고 있는 지옥의 모습들은 우리에게 만족감을 주지만 커다란 전율을 동반하는 것들이다. 이에 비해 들꽃이 만발한 초원과 시냇물이 굽이쳐 흐르는 계곡, 풀 뜯는 양떼들의 모습, 그리스신화에 나오는 천상계에 대한 묘사, 호머가 묘사하고 있는 비너스 신의 허리 모습 등도 쾌적한 감각을 유발

시키지만, 이것은 유쾌한 성격의 것이고 잔잔한 미소를
자아내는 종류의 것이다. 전자의 대상들이 우리에게 적
절한 정도의 감흥을 불러일으킬 경우 우리는 숭고의 감
정을 갖게 된다. 한편 후자의 것들을 제대로 만끽하기 위
해서는 미에 대한 감정이 필요하다. 사원 터에 우뚝 서
있는 거대한 떡갈나무와 그 고독한 그림자는 숭고하고,
잘 정돈된 화단, 나지막한 관목 울타리, 여러 가지 형상
을 한 나무조각들은 아름답다. 밤은 숭고하고 낮은 아름
답다. 고요한 여름날 저녁, 밤하늘의 별들이 암갈색의 어
둠을 뚫고 가물가물 빛나며 외로운 달빛이 우리를 비출
때, 숭고의 감정을 위한 우리의 심성은 우리의 우정에 의
하여, 속세에 대한 초연함에 의하여, 또 영원함에 [대한
의식에] 의하여 천천히 고양된 감각 속으로 이끌리게 된
다. 한낮의 부산함은 소란스런 흥분과 유쾌한 감정을 불
러일으킨다. 숭고는 감동적이고 미는 자극적이다. 숭고
의 감정으로 충만된 사람의 표정은 진지하고, 때때로 경
직되어 있고 경이로움을 띤다. 반면에 미에 대한 활발한
감수성은 밝게 빛나는 두 눈에서, 또 미소를 머금은 표

정에서 그리고 종종 소란스러운 쾌활함 가운데서 나타난
다.

미와 숭고의 감정에 관한 고찰 | 826

자연의 아름다움에 직접적인 관심을 가지는 사람은 적
어도 선한 도덕적 심성에 대한 자질을 가지고 있으리라
고 추측해 볼 수 있다.

판단력 비판 V 398

도덕적인 것과 유사한 심성의 상태와 결합되어 있지
않은 그러한 자연의 숭고에 대한 감정은 아마 사실상 생
각될 수 없을 것이다.

판단력 비판 V 364

우리가 우리의 내부에 있는 본능보다 우월하고, 또 그
렇기 때문에 외부에 있는 자연보다 우월하다는 것을 인
식할 수 있는 한, 숭고는 자연의 사물에 속해 있는 것이

아니라 오직 우리의 심성 속에만 있는 것이다. 우리 정신 능력의 힘에 도전하는 자연의 힘들을 포함하여, 우리에게 이러한 감정을 일으키는 것은 모두 (비본래적인 의미에서이긴 하지만) 숭고하다고 불린다.

판단력 비판 V 353

아름다움에 관련하여 칸트는 두 종류의 감정을 언급한다. 즉 '미'의 감정과 '숭고'의 감정이다. 미는 쾌활함과 즐거움을 우리에게 부여한다. 꽃을 보고 산과 구름을 보면 쾌활함과 즐거움이 따라 나온다. 아이 돌 그룹의 멋진 춤과 노래도 우리를 즐겁게 하고 유쾌하게 한다. 미의 감정은 바로 이러한 감정들이다.

숭고의 감정은 거대함 때문에 우리에게 전율을 주는 감정이다. 거대한 폭풍우나 지옥의 묘사 등은 우리의 마음을 움츠리게 한다. 낮은 쾌활하고 아름답다고 한다면, 밤은 조용하고 숭고한 마음이 들게 한다. 숭고는 경직되고 전율을 자아내기도 하지만 때로는 감동과 경이로움을 불러낸다.

마음이 아름다운 사람은 심성이 좋은 사람이다. 아름다운 감정을 지니고 표현하는 사람은 도덕적으로도 선한 행위를 할 자질이 풍부한 사람이다. 진리인 것은 좋은 것이고 좋은 것은 아름다운 것이라는 전통의 사유 방식을 칸트도 이어받고 있다.

🎩 생각해 보기

우리 주변에는 아름다운 것들이 널려 있다. 이 아름다운 것들을 눈여겨보고 같이 할 수 있다면 아름다운 세상이 될 것이다. 그런데 세상에는 왜 이렇게 많은 불의와 추함이 있는 것일까? 아름다운 것을 볼 줄 모르기 때문인가? 아니면 아름다운 것들을 다른 의도나 목적으로 사용하기 때문인가?

숭고는 단순한 두려움이나 경계심과는 다르다. 우리 주변에는 숭고의 감정을 불러일으키는 것들이 얼마나 많을까? 또한 숭고한 것들은 모두 우리의 도덕적 감정, 즉 선한 마음을 일으키는가?

예술 작품과 천재

🖋

    모든 예술 가운데에서 시(詩) 예술이 최고의 지위를 차지한다. 시 예술은 상상력을 자유롭게 하며, 주어진 개념의 한계 내에서 또 이 개념과 일치함으로써 가능한 형식들의 무한한 다양성 내에서, 이 개념을 풍부한 사상으로 표현하는 형식을 제공한다. 그러나 이때 그 사상은 어떠한 언어에 의해서도 완전히 표현될 수는 없는 것이기 때문에 미학적인 이념으로까지 고양되는 것이다. 이러한 까닭에 시 예술은 우리의 심성을 확장시켜 주는 것이다. 시 예술은 또한 우리의 심성이 자신의 자유롭고, 자발적이며, 자연에 의해 규정되지 않은 능력을 느끼게 함으로써 스스로를 강화시킨다. 이때 우리의 심성은 자연현상을 경험하나, 이러한 우리의 심성 능력은 또한 그 자연이 우리의 감관이나 지성에 제시하지 않은 또 다른 관점으로 자연을 고찰하고 판정하는 능력이다.

판단력 비판 V 529

천재란 예술에 규칙을 부여하는 재능이다. 이 재능은 예술가가 타고나는 생산적인 능력으로서, 예술가는 그 자신이 자연에 속하므로 우리는 다음과 같이 말할 수 있다. 천재란 천부적인 심성의 소질이며, 이를 통해 자연이 예술에 규칙을 부여하는 것이라고.

판단력 비판 V 405

이제 우리는 다음과 같은 사실을 알 수 있다. (1) 천재는, 무엇인가를 규정하는 규칙[법칙]도 만들어 낼 수 없는 것을 만들어 내는 능력이다. 그것은 어떤 규칙에 의하여 배울 수 있는 것에 관한 숙련으로서의 소질이 아니다.

따라서 독창성이 천재의 일차적인 특성이어야만 한다. (2) 독창적이면서도 무의미한 것이 있을 수 있으므로 천재의 생산물은 동시에 모범, 즉 전형적인 것이어야 한다. 그러므로 그것 자신은 모방에 의한 것이 아니지만, 다른 사람들에 의해서는 모방될 수 있는 것, 즉 판정의 규준이나 규칙으로서 사용될 수 있는 것이어야 한다. (3) 천재는 자신이 어떻게 자신의 산물을 만들어 내는지를 스스로 설명하거나 학문적으로 밝히지 못한다. 천재는 자연으로서 규칙을 부여하기 때문에 자신의 천재성에 의하여 어떠한 작품을 만드는 창작자이기는 하지만, 어떻게 그 산물에 대한 이념들이 자신에게서 생겨나는지 스스로 알지 못한다. 천재는 그러한 이념들을 마음대로 혹은 계획적으로 생각해 내거나 할 수 없으며, 또 그것들을 다른 사람들이 동일한 산물을 창출해 낼 수 있도록 해 주는 준칙을 만들어 전해 주지도 못한다. (그러므로 추측컨대 천재genius라는 말은 수호신Genie이라는 말에서 유래했을 것이다. 이 수호신은 인간이 태어날 때 그 인간에게 주어지는 그 자신만의 보호의 신이자 안내의 신으로서, 위에서 말한 독창

적인 이념들도 이러한 신의 영감에 의해 생겨난 것이다.) (4)
자연은 천재를 통하여 학문이 아니라 예술에게 규칙을
지정해 준다.

판단력 비판 V 406

예술이라는 학문은 다른 학문에 비해 가장 자유롭고 우리의 마음을 가장 넓혀 준다. '예술은 자유이다'라는 표현이 있을 정도이다. 인간의 삶이 궁극적으로는 자유의 만끽, 즉 자유로운 존재의 삶이라면 예술을 통해 그런 삶이 가장 잘 이루어질 수 있을 것이다. 예술을 통해 인간은 자유로워지고 우리의 삶은 더욱 더 풍요로워진다.

예술이 학문인한 다른 모든 학문들처럼 예술에도 예술 나름의 규칙이 있다. 천재가 바로 예술에 규칙을 부여하는 자이다. 타고난 예술가인 천재가 예술에 질서를 부여하고 예술을 예술답게 만든다. 그러나 천재인 예술가는 다른 분야, 특히 과학에 부여하는 질서나 규칙과는 전혀 다른 방식으로 질서를 부여하기에 우리가 알고 이해하기가 어렵다.

내 마음대로 하는 것이 자유인가? 이런 의미에서 예술은 자유인가? 요즈음에도 표현의 자유라는 말이 많은 논쟁거리가 된다. 어디까지 자유가 허용되어야 하는가? 예술이 도덕과 무관하게 이루어질 수 있는가? 자유에 대한 올바른 이해가 깊어지면 많은 논란은 해결될 수 있을 것이다.

칸트에 따르면 천재라는 개념은 예술가에만 사용되는 한정된 개념이다. 요즈음에는 과학적 천재나 수학적 천재라는 말을 자주 사용한다. 그러나 천재라는 말에는 독창성이나 창의성이 핵심인데, 과연 과학 특히 수학에도 이런 말이 적용될 수 있는지? 단순한 암기의 탁월성이나 사물을 잘 응용하는 능력도 독창성이나 창의성이라고 볼 수 있는지? 과학의 창의성과 예술의 창의성에 대한 차이는 없는지?

생명체와 인간존재

🌿

    의복, 모발, 침대 속에서 인간을 괴롭히고 있는 해충들은, 현명한 자연의 배려라는 측면에서 보면, 건강 유지를 위해 중요한 수단인 청결을 유지하기 위한 하나의 자극제인 셈이다. 또한 모기나 다른 해충들은 아메리카의 황무지를 원주민들이 살기에 매우 어려운 지역으로 만들고 있지만, 동시에 그것들은 원주민들로 하여금 자신들의 거주지를 더욱 건강에 좋게 만들도록 하는 하나의 자극제인 셈이다. 왜냐하면 그들은 해충들 때문에 습지를 개간하고 바람을 막고 있는 나무들을 잘라 버리며 토지를 개간하게 되기 때문이다. 만일 우리가 사물들의 목적론적 질서에 관한 전망을 내다보면서 생각한다면, 인간

내부의 유기적 조직 안에 있으면서 우리 인간에게는 반자연적인 것으로 보이는 것들조차도 흥미로우며, 때로는 교훈적이기도 한 전망을 제공하는 것이다. 그러나 우리가 그와 같은 목적론적 원리를 취하지 않은 채 단지 자연과학적인 고찰에만 머문다면, 그와 같은 전망은 우리에게 주어지지 않을 것이다.

판단력 비판 V 492

다양한 피조물들은 모두가 참으로 훌륭한 도구들을 갖추고 있으며 또한 상호 합목적적으로 연결되어 있기도 하다. 그러나 만일 인간(이성적 존재자 일반)이 그들 가운데 존재하지 않는다면, 모든 피조물들 및 그것들의 수많은 체계들 −우리는 이러한 체계 각각을 세계라고 부르는데− 전체는 아무 이유 없이 그곳에 존재하는 것일 뿐이리라. 즉 인간이 없다면 삼라만상은 하나의 황무지에 지나지 않으며 헛되고 아무런 궁극목적도 가지지 못한다. 아무리 평범한 사람이라도, 만일 그가 세계의 현존재와 그 안의 사물들의 현존재에 관해 곰곰이 생각해 본다면,

결코 이러한 판단을 내리지 않을 수 없다.

판단력 비판 V 567

이 세상에 존재하는 모든 존재는 그것이 아무리 하찮은 것이라 할지라도 결코 쓸모없는 존재는 아니다. 세상의 모든 존재는 무언가 이유가 있어서 존재하는 것으로, 나름대로의 가치를 지닌다. 이런 사고는, 존재하는 세상이 아무런 목적 없이 이루어진 세상이 아니라, 세상에는 궁극의 목적이 있을 것이라는 목적론적 사고에 기초를 둔 세계관이다. 목적론적 세계관은 아리스토텔레스로부터 이어져 근대에는 칸트와 헤겔 등에 전해지고, 오늘날에 다시 주목을 받고 있는 긴 전통을 지닌 세계관이다.

자연에는 인과법칙과 같은 합법칙적인 질서만으로 설명할 수 없는 현상들이 매우 많다. 특히 생명체의 경우에는 법칙으로 설명할 수 없는, 우연으로 보이는 일들이 수없이 일어난다. 그러나 이런 현상을 단순히 우연으로 설명하기보다는, 어떤 목적에 부응하는 합목적적인 질서로 설명하는 것이 그런[생명체] 현상을 더 잘 이해할 수 있을 것으로 보인다. 다윈의 진화론도 자연 생명현상에 대한 설명 방식이듯이 자연을 합목적적으로 설명하는 것도 또 다른 자연 이해 방식이다.

📖 생각해 보기

우리 주변에는 혐오스럽고 우리의 생명을 위협하는 존재, 즉 해충이나 전염 병원균 등이 매우 많다. 퇴치하고 박멸해야 하는 존재로 당연히 생각한다. 그러나 관연 그런가? 이런 하찮은 존재가 지구상에서 완전히 없어지면 좋은 세상이 올까? 아니면 다른 변화는 없을까?

합목적성과 합법칙성은 서로 비슷한 면도 있지만 분명 다른 개념이다. 어떤 현상이 우리가 이미 알고 있는 질서, 즉 '원인'에 잘 맞아 우리가 그 '결과'도 예측할 수 있을 경우, 우리는 그 현상은 법칙에 따른다고 말한다. 즉 그 현상은 합법칙성으로 이해되고 설명된다. 반

면에 합목적성은 어떤 '목적'에 가장 잘 부합하는 근거,
즉 '수단'을 사용하여 현상을 설명할 때 적용되는 개념
이다.

역사의 진보

인간은 어떠한 일을 추진할 때 동물처럼 단순히 본능에만 따르지 않으며, 그렇다고 이성적인 세계시민처럼 약속되어 있는 하나의 전체적인 계획에 따라 행동하지도 않는다. 그러므로 인간에게 있어 (꿀벌이나 비버의 경우에서와 같은) 계획적인 역사란 불가능한 것처럼 보인다. 인간이 거대한 세계의 무대 위에서 행동하는 모습을 보면, 그 행동이 그때그때 개별적으로는 지혜로운 것처럼 보이기도 한다. 그러나 거시적이고 궁극적인 안목에서 보면 모두 다 어리석고 유치한 허영심으로부터 비롯된 것이거나, 자주 치사한 악의와 파괴욕으로 얼룩져 있음을 발견하게 되어 일종의 불쾌감을 느낄 수밖에 없게 된다. 그래서 우리는 우월 의식에 사로잡혀 있는 우리 인류를 스스로 어떻게 이해하여야 할지 모르게 된다. 이때 철학자에게 주어져 있는 유일한 해결책은 다음과 같은 것이다. 즉 그는 인간과 그 인간의 활동을 전체적으로 볼 때 거기에 전제되어 있는 아무런 이성적 의도도 발견할 수 없지만, 그와 같은 불합리한 인간사의 과정에서 혹시 어떤 자연의 의도를 발견할 수 있지 않을까 하는 생각을 하게 된다는 것이다. 그리고 그러한 자연의 의도에 의해서, 아무런 계획도 없이 행위하는 피조물에 있어서도 자연의 어떤 특정한 계획에 의거하는 역사가 가능하리라는 것이다.

한 생명체의 모든 자연적 소질은 언젠가는 완전하고도 합목적적으로 발현되도록 규정되어 있다.

(이 세상에서 유일한 이성적 피조물인) 인간은 개인으로서가 아니라 유적[집단적] 존재로서만 이성 사용을 지양하는 자신의 자연적 소질을 완전히 계발할 수 있다.

역사의 이념 VI 34

자연이 인간으로 하여금 자신의 모든 소질을 계발하게 하기 위하여 사용하는 수단은 인간들이 사회 속에서 보여 주는 상호 간의 대결이다. 이 대결이 궁극적으로 그 사회의 합법칙적인 질서를 가져오는 원인이 되는 한에서 그렇다. 나는 대결이라는 말에서 인간이 가지는 반사회적 사회성, 즉 사회를 분열시키려고 끊임없이 위협하는 집요한 반항과 결합하고 있으면서도 [다른 한편으로는] 사회를 이루어 살려는 인간의 성향을 이해한다. 이러한 성향의 소질은 분명 인간의 본성 가운데에 있다. 인간은 사회 속에서만 자신을 인간 이상으로 느끼기 때문에 자신을 사회화하려는 경향을 갖는다. 다시 말해 인간은 사회 속에서 자신의 자연적 소질이 구현됨을 느낀다.

그러나 다른 한편 인간은 자신을 개별화하려는(고립시키려는) 강력한 성향도 갖고 있다. 오로지 자신의 의도에 따라서만 행위하려는 반사회적인 특성도 갖고 있기 때문이다. 인간은 자신이 다른 사람들에게 저항하려는 성향을 갖고 있다는 사실을 스스로 알고 있기 때문에, 그 자신 역시 도처에서 다른 사람들의 저항에 부딪히게 되리라 예상한다. 이와 같은 저항이야말로 인간의 모든 능력을 일깨워 주며, 인간으로 하여금 나태해지려는 성향을 극복하게 하고, 명예욕이나 지배욕, 소유욕 등에 의해 행동하게 한다. 이렇게 해서 인간은, 함께 어울리기도 힘들지만 그렇다고 해서 벗어날 수도 없는, 자신의 동시대인들 가운데에서 하나의 자리를 차지하게 된다.

이렇게 하여 인간은 야만의 상태로부터 본래 인간의 사회적 가치에서 성립하는 문화를 이룩하기 위한 진정한 진보의 첫걸음을 내딛게 된다. 이때부터 인간의 모든 재능들이 점차 계발되고 아름다움을 판정하는 능력도 형성된다. 또 지속적인 계몽을 통해 도덕적 분별력에 관한 조야한 자연적 소질이 서서히 특정한 실천적 원리들로 변화될 수 있으며, 자연적인 감정을 기반으로 결합된 인간 사회를 도덕적인 사회로 바꿀 수 있는 사고방식이 자리잡기 시작한다.

모든 사람들이 자기 자신의 이기적인 자만감에서 반드시 발견하게 되는 그러한 저항을 산출하는 반사회성은 그 자체로 놓고 보면 사랑할 만한 속성은 아니다. 그러나 그와 같은 반사회성이 없다고 한다면, 인간의 모든 재능들은 개인들의 완전한 조화와 만족감, 그리고 상호 간의 사랑으로 가득 찬 목가적인 삶 속에서 꽃피우지 못하고 영원히 묻혀 버리고 말 것이다.

속언에 관하여 VI 166

인간의 역사는 자연의 숨은 의도에 따른 역사이다.
이 말을 이해하기 위해서는 자연 개념에 대한 이해가
필요하다. 자연은 좁은 의미의 자연, 다시 말하면 물리
적이고 기계론적 원리, 즉 인과법칙에 지배받는 자연만
을 의미하는 것이 아니라, 넓은 의미의 자연, 합목적적
인 자연, 즉 살아 있는 자연으로도 이해된다. 살아 있
는 자연은 인간을 포함한 모든 생명체의 근간이다.

칸트의 말을 빌리면, 생명체의 근간인 자연의 소질,
즉 능력은 언젠가는 완전하고도 합목적적으로 발현되
어 완성될 것이다. 인간의 역사도 바로 이 자연의 소질
을 발현시키는 것이다. 따라서 자연 소질의 계발은 우
리와 관련하여 말하면 우리 인간의 능력을 계발하는 일
이다. 우리 인간 능력의 계발은 곧 우리의 역사를 나타
내는 말이다. 이런 의미에서 우리의 역사는 자연이 자
신의 숨은 의도를 드러내는 것으로 언급되는 것이다.

'역사란 무엇인가?'에 못지않게 중요한 물음은 '역사는 진보하는가?'이다. 역사의 진보를 받아들일 경우, 역사가 어디로 나가는 것이 진보인가라는 물음이 다시 발생한다. 우리는 역사를 물리적이고 기계론적인 원리를 통해서 설명할 수 있다. 이것이 역사에 대한 객관적이고 과학적인 접근 방식이다. 그러나 '진보'가 더 나은 발전, 즉 미래에 대한 희망을 포함하는 의미로 쓰일 경우, 역사에는 '미래지향적'이고 '목적론적'인 설명 원리가 필요한 것은 아닌가?

자연의 역사이든 인간의 역사이든 모든 역사에는 '반사교적 사교성' 즉 '반사회적 사회성'이 지배하고 있다. 한 개인의 삶에는 항상 갈등이 존재한다. 감정에 따른 행동, 자신의 이익만을 추구하는 욕심 등의 지배욕과 소유욕이 나를 지배하나, 다른 측면에서는 이성에 따른 절제된 행동과 타인에 대한 배려 등도 나타난다. 사회도 개인의 삶과 같은 방식으로 진행된다. 사회의 질서

를 저해하는 행위와 사회를 이루려는 행동이 상호 갈등
하면서 역사는 진행된다. 반사회성이 무조건 나쁜 것만
이 아니라 사회를 이루려는데 자극제 또는 촉진제가 될
수 있다는 의미로 칸트는 반사회적 사회성을 언급하고
있다.

시민사회

자연이 인류로 하여금 그 해결을 강요하는 가장 큰 문제는 법이 보편적으로 지배하는 시민사회의 건설이다. 사회 안에서만, 그것도 최대한의 자유가 보장되는 사회 안에서만 자연의 최고 의도인 인류의 모든 소질의 계발이 가능하다. 즉 그 구성원들의 지속적인 항쟁과 자유의 한계를 가장 정확하게 규정하고 보장하는 사회 안에서만 - 이러한 상태에서만 타인의 자유도 성립할 수 있다- 그것이 가능한 것이다. 자연은 인류가 그 자신의 사명으로 간주하는 여타의 모든 목적들과 같이 이러한 목적도 인류 스스로 달성하기를 원한다. 따라서 자유가 외적인 법률 하에서 가능한 한 가장 큰 정도로, 저항할 수 없는 힘

과 결합하는 사회, 즉 완전히 정의로운 시민 정치체제가
자연이 부과한 인류 최고의 과제임에 틀림없다. 자연은
이러한 과제를 해결하고 수행함으로써만 인류에 관한 그
자신의 다른 의도들도 성취할 수 있기 때문이다.

보편사의 이념 VI 39

모든 국가의 시민 정치체제는 공화제이어야 한다.

공화제는 다음과 같은 국가 체제이다. 첫째, 사회의 구
성원이 (인간으로서) 가지는 자유의 원칙에 따르며, 둘째,
국민 모두가 (신민으로서) 유일한 공동 입법에 의존하는
원칙들에 따르고, 셋째, 모든 사람들이 (국민으로서) 누리
는 평등의 법칙에 따라서 확립된 국가 체제이다. 이 체제
는 근원적인 계약의 이념에 의해 발생하며, 반드시 국민
의 입법에 근거하는 유일한 정치체제이다.

영구 평화론 VI 204

공화제는 인간의 권리에 완전히 적합한 유일한 체제이다. 그러나 이것을 수립하기란 매우 어려우며 유지하기란 더욱 어렵다. 그래서 많은 사람들은 그러한 체제의 국가는 천사들의 국가일 것이라고 주장한다. 이기적인 성향을 가진 인간들이 그렇게 숭고한 형태의 체제를 만들어 내기란 매우 어렵기 때문이다.

영구 평화론 VI 223

🎩 핵심 읽기

인ㅅ을 넘어 공동체인 인간ㅅ間은 인류ㅅ類로 불린다. 칸트의 경우 개인의 궁극목적은 이성의 최고 발현인 도덕적 존재의 완성 즉 인격체에 있다면, 인류의 궁극목적은 시민사회의 완성이다. 이성적 원리를 통해 제도와 규범이 세워진 사회가 인류의 사회이다. 인간의 역사는 이성을 통한 보편적인 질서가 지배하는 시민사회로 향하는 역사이다.

시민사회의 가장 이상적인 형태는 공화제이다. 공화제는 모든 시민들이 자유의 원칙에 입각하여, 보편적 질서에 따르고, 모든 시민들이 평등의 권리를 누리는 정치체제이다.

🎩 생각해 보기

개인으로서의 인간과 공동체에 속한 인간으로서의

역할은 구별된다. 전자의 삶은 개인윤리로 이해된다
면 후자의 삶은 사회윤리로 불린다. 그러나 근본원리는
모두에게 주어져 있다. 즉 인간의 고유한 능력인 이성
에 의해 전개된 삶이다. 개인에게는 이성에 의해 규정
된 도덕적 원리에 따른 삶이, 공동체에게는 이성에 의
해 규정된 보편적 제도에 따른 삶이 가장 이상적인 삶
이다.

현대의 모든 국가들은 공화제를 표방한다. 심지어는
억압과 폭력을 행사하는 국가들도 공화제라고 말한다.
공화제와 다른 정치체제는 무엇이 있는가? 현대 국가
에서 공화제의 가면을 쓰고 다른 정치체제를 옹호하는
국가는 없는가?

영원한 평화

영원한 평화는 (모든 국제법의 최종적인 목표로서) 물론 실현하기 어려운 이념이다. 그렇지만 국가와 국가 간의 결속 강화를 목표로 하는 정치적 원칙들은 영원한 평화에 지속적으로 접근해 가는데 기여하며, 실현 불가능한 이념이 아니다. 그것들은 의무에 기초하는 과제들처럼, 즉 인간과 국가의 권리에 기초하는 과제들처럼 틀림없이 수행 가능하다.

도덕 형이상학, 법론 IV 474

미래에 전쟁을 야기할 수 있는 소지를 암암리에 남겨 둔 채로 맺어지는 조약은 결코 평화조약으로 간주될 수 없다.

어떠한 독립국가도 (그 크기에 상관없이) 상속, 교환, 매매, 증여 등에 의해 다른 국가의 소유물로 전락할 수 없다.

국가는 (그 국가가 점유하고 있는 영토의 경우처럼) 소유물이 아니다. 국가란 국가 자신을 제외하고서는 어느 누구의 명령이나 지배를 받지 않는 인간의 사회이다. 국가는 자기 자신의 고유한 뿌리를 가지는 나무줄기와 같아서, 접붙이기처럼 한 국가가 다른 국가와 합병될 경우, 도덕적 인격체로서의 국가 존재 자체가 파괴되고 만다. 그리고 그것은 인격체를 하나의 물건으로 간주하는 것과 마찬가지이다. 그것은 또 국민에 대한 권리 행사를 가능케 하는 근원적인 계약의 이념에도 모순된다.

영구 평화론 197

완전한 시민 체제를 건설하는 문제는 국가와 국가 사이의 합법적인 대외 관계 문제에 의존하며, 이것의 해결이 선행되지 않고서는 해결될 수 없다. 합법적인 시민 정치체제를 위해, 즉 공화국의 창조를 위해 개인이 어떤 역할을 할 수 있을까? 인간으로 하여금 그러한 작업에 종사하도록 강요하는 반사회성이 여기서도 다시 중요한 역할을 담당한다. 반사회성은 모든 공동체들이 하나의 국가로서 다른 국가들과 완전히 자유로운 상태에서 외적인 관계를 맺게 하는 원인으로 작용한다. 그래서 개개인을 억압하고 강요하여 하나의 합법적 시민사회로 들어서게 만들었던 것과 똑같은 사악함이 국가와 국가 사이의 관계에서도 기대될 수밖에 없다. 이처럼 자연은 인간이 만든 커다란 사회나 국가 체제에서도 인간들 사이의 알력을 수단으로 삼아 그와 같은 불가피한 적대 관계 속에서도 평화와 안정의 상태를 발견하게 한다. 즉 자연은 전쟁과 과도한 전쟁 준비에 의해서, 그리고 그것 때문에 결국 모든 국가가 평화의 시기에도 내부적으로 감내해야만 하는 궁핍에 의해서 인간을 다음과 같은 곳으로 몰고 간다. 먼저 자연은 인간으로 하여금 처음에는 불완전한 시도를 하게 만든다. 그리하여 무수한 황폐화와 몰락을 거쳐 인간의 힘을 내적으로 완전히 소모시키고 난 이후에 비로소 이성이 그렇게 많은 불행한 경험이 없이도 말해 줄 수 있었을 것, 즉 야만의 무법 상태에서 벗어나 국가들 간의 연맹으로 들어서는 방법을 제시한다. 국제연맹을 통해 모든 국가들은, 그것이 아무리 작은 국가들이라 할지라도, 자신들의 인권과 권리를 그 자신들의 고유한 힘과 독자적인 법적 판단에 의해서가 아니라, 국제연맹이라는 커다란 공동체의 통일된 힘과 의지의 법칙에 따르는 결정에 의해 보장 받을 수 있는 것이다.

보편사의 이념 Ⅵ 41

완전한 또는 영원한 평화가 이루어져야만 완전한 시민사회가 이루어질 수 있다. 인류의 소망은 영원한 평화일 것이다. 그러나 영원한 평화의 전제 조건은 국가 간의 질서이다. 국가 간의 질서는 한 국가 안에서의 법(국내법)만으로는 유지되기 어렵다. 각 국가 간의 이익이 상충하기 때문이다. 따라서 국가 간에는 국가 간의 질서를 다룬 국제법이 필요하다.

칸트는 국제법의 필요성을 강조했고, 이 결과 국가 간의 결속체인 국제연맹을 창설하게 하는 계기를 마련했다. 또한 자국의 이익만을 추구하는 국가 간의 전쟁에서도 전쟁 조약이나 평화조약 등을 마련하여 양 국가의 피해와 시민들의 안전보장을 위한 원칙들을 마련하였다.

현대 사회는 다국적 사회 또는 세계화의 사회로 지칭된다. 이런 분위기에 국제법이나 세계 시민법은 더욱 큰 힘을 얻고 있다. 무엇이 세계화의 시대에 필요한 법인가? 국가 간의 협의를 통한 법인가, 아니면 모든 세계에 공통적인 하나의 법, 즉 세계 화법이 필요한가?

칸트 연보

칸트 연보

1724년 4월 22일 동프로이센의 수도 쾨니히스베르크(현재 러시아의
칼리닌그라드)에서, 아버지 요한 게오르크 칸트와
어머니 안나 레기나 로이터 사이의 아홉 자녀 가운
데 넷째로 태어남

1726년 (2세) 스위프트 《걸리버 여행기》 출판

1730년 (6세) 성 게오르크 양로원 부속 소학교에 입학

1737년 (13세) 어머니 안나 레기나 죽음(1697~)

1740년 (16세) 쾨니히스베르크 대학 입학
프로이센 국왕 프리드리히 빌헬름 1세 죽음, 프리드
리히 2세(대왕) 즉위
오스트리아 계승 전쟁

1746년 (22세) 아버지 요한 게오르크 죽음(1683~)
논문 〈활력의 참된 측정에 관한 고찰〉로 대학 졸업

1749년 (25세) 괴테 태어남(~1832)

1755년 (31세) 교수 자격 논문 〈형이상학적 인식의 제1 원리의 새
로운 해명〉을 내고, 쾨니히스베르크 대학 강사로
취임해 논리학, 수학, 물리학, 형이상학 강의

Immanuel Kant

1788년 (64세)	《실천이성 비판》 출판
	뵐너의 종교 칙령 발포
	신검열령 시행
1789년 (65세)	프랑스혁명 일어남
1790년 (66세)	《판단력 비판》 출판
1793년 (69세)	프랑스 왕 루이 16세 처형
	영국, 네덜란드, 스페인 등 대불 동맹 결성
	《단순한 이성의 한계 안에서의 종교》 출판
1795년 (71세)	프로이센과 프랑스 바젤 협약 체결, 대불 동맹 소멸.
	《영원한 평화를 위하여》 출판
	폴란드 멸망(10월 24일)
1797년 (73세)	프로이센 국왕 프리드리히 빌헬름 2세 죽음, 프리
	드리히 빌헬름 3세 즉위
1798년 (74세)	《실용적 견지에서 본 인간학》 출판
	《학부들의 투쟁》 출판.
1804년 (79세)	2월 12일 죽음